역사 한 그릇 뚝딱

역사 한 그릇 뚝딱

글 남상욱 | **그림** 민들레
펴낸날 2016년 9월 20일 초판 1쇄 | 2017년 10월 13일 초판 3쇄
펴낸이 김상수 | **기획·편집** 위혜정, 김새롬, 조유진 | **디자인** 문정선, 김송이 | **영업·마케팅** 황형석, 조재훈
펴낸곳 루크하우스 | **주소** 서울시 성동구 아차산로 143 성수빌딩 208호 | **전화** 02)468-5057~8 | **팩스** 02)468-5051
출판등록 2010년 12월 15일 제2010-59호
www.lukhouse.com cafe.naver.com/lukhouse

© 남상욱 2016
저작권자의 동의 없이 무단 복제 및 전재를 금합니다.

ISBN 979-11-5568-266-1 73910

※ 잘못된 책은 구입처에서 바꾸어 드립니다.
※ 값은 뒤표지에 있습니다.

 상상의집은 (주)루크하우스의 아동출판 브랜드입니다.

쌀이 만든 우리 역사와 문화

역사 한 그릇 뚝딱

상상의집

들어가는 이야기

왜 쌀과 밥일까?

우리가 하루에 세 번씩 듣는 말이 있죠. 바로 "밥 먹자!"

곰곰이 생각해 보면 참 이상해요. 식사할 때 밥만 먹는 건 아니잖아요? 국이랑 반찬도 같이 먹지요. 또 밥 대신 라면이나 햄버거, 피자 따위를 먹기도 해요. 그런데도 우리는 이 모든 것을 가리켜 '밥' 먹는다고 하지요.

아직 나라가 세워지기도 전인 아주 먼 옛날, 한반도에 살던 우리 조상들은 동물을 사냥하고 식물을 채집하며 배고픔을 해결했어요. 하지만 사냥에 성공할 때보다 실패할 때가 더 많았지요. 식물이 자라는 데는 시간이 오래 걸려 이곳저곳을 떠돌아야 했고요.

그때 고마운 먹을거리가 되어 준 것이 바로 쌀이었어요. 쌀은 따뜻한 곳에서 잘 자라는데, 다행히 한반도의 기후는 쌀을 키우기에 알맞았지요.

그런데 왜 쌀일까요? 쌀에는 세 가지 커다란 장점이 있기 때문이에요.

첫째, 날씨가 따뜻하고 물만 충분히 있으면 일 년에 두 번이고 세 번이고 쌀농사를 지을 수 있어요.

둘째, 같은 넓이의 땅에서 농사를 지었을 때 어떤 곡식보다 수확을 많이 거두어들일 수 있어요.

셋째, 우리 몸에 필요한 영양소가 풍부하게 들어 있어요.

이러한 장점이 있어서, 우리 조상들은 오래전부터 쌀농사를 지으며 살아왔답니다.

그런데 사실 우리나라만 쌀농사를 주로 한 것은 아니에요. 우리나라와 비

숫한 기후를 가진 중국과 일본, 그리고 동남아시아의 수많은 나라에서도 쌀농사를 지었거든요. 그래도 우리 조상들의 쌀 사랑은 남달랐다고 할 수 있지요.

혹시 옛날에 쓰던 밥그릇을 본 적이 있나요? 아마 친구들이 봤다면 깜짝 놀랄 거예요. "이게 밥그릇이야, 국그릇이야?"라며 눈이 동그래질 거라니까요. 예부터 우리 조상들은 밥을 많이 먹는 걸로 유명했어요. 오죽하면 주변 나라에서 우리나라를 '대식국(大食國)'이라고 불렀을까요? 조선 후기에, 한반도를 처음 찾은 외국인들은 한 끼에 먹는 밥의 양을 보고 매우 놀랐다고도 해요.

어디 그뿐인가요? 아무리 맛있는 반찬이 많다고 해도, 밥과 같이 먹지 않으면 한 끼 식사라고 생각되지 않아요. 왜 그럴까요? 우리 전통 음식인 김치를 떠올려 보세요. 맛있는 김치도 밥 없이 그냥 먹으면 맵고 짜지 않나요? 하지만 밥이랑 같이 먹으면 비로소 참맛을 느낄 수 있지요. 김치와 같은 반찬은 밥에 곁들여 먹으려고 만든 음식이기 때문이에요. 이제 우리 조상들의 쌀에 대한 사랑이 얼마나 남달랐는지 조금 알 수 있지요?

이처럼 우리 민족의 식생활은 쌀을 중심으로 이루어져 왔어요. 긴 시간을 이어져 내려온 한 그릇의 밥에는 역사와 문화가 고스란히 담겨져 있지요. 자, 그럼 지금부터 쌀과 밥을 통해서 우리의 역사와 문화에 대해 알아보기로 해요.

차 례

들어가는 이야기 왜 쌀과 밥일까?

쌀밥에 담긴 역사

고조선 사람들은 농사를 지었어! 10

삼국이 한강을 두고 싸운 이유는? 24

고려를 떠나니 밥이 더욱 그리워 38

조선, 농사가 제일이니라! 54

일제에 땅도 쌀도 빼앗기고 66

쌀로 빚은 문화

떡과 함께하는 삶 80

장맛이 좋아야 집안이 잘되지! 88

죽으로 병도 고치고 귀신도 쫓아내고! 96

술은 빚는 거라고? 104

가마솥의 누룽지와 숭늉 112

나가는 이야기 쌀밥, 좋아하세요?

쌀밥에 담긴 역사

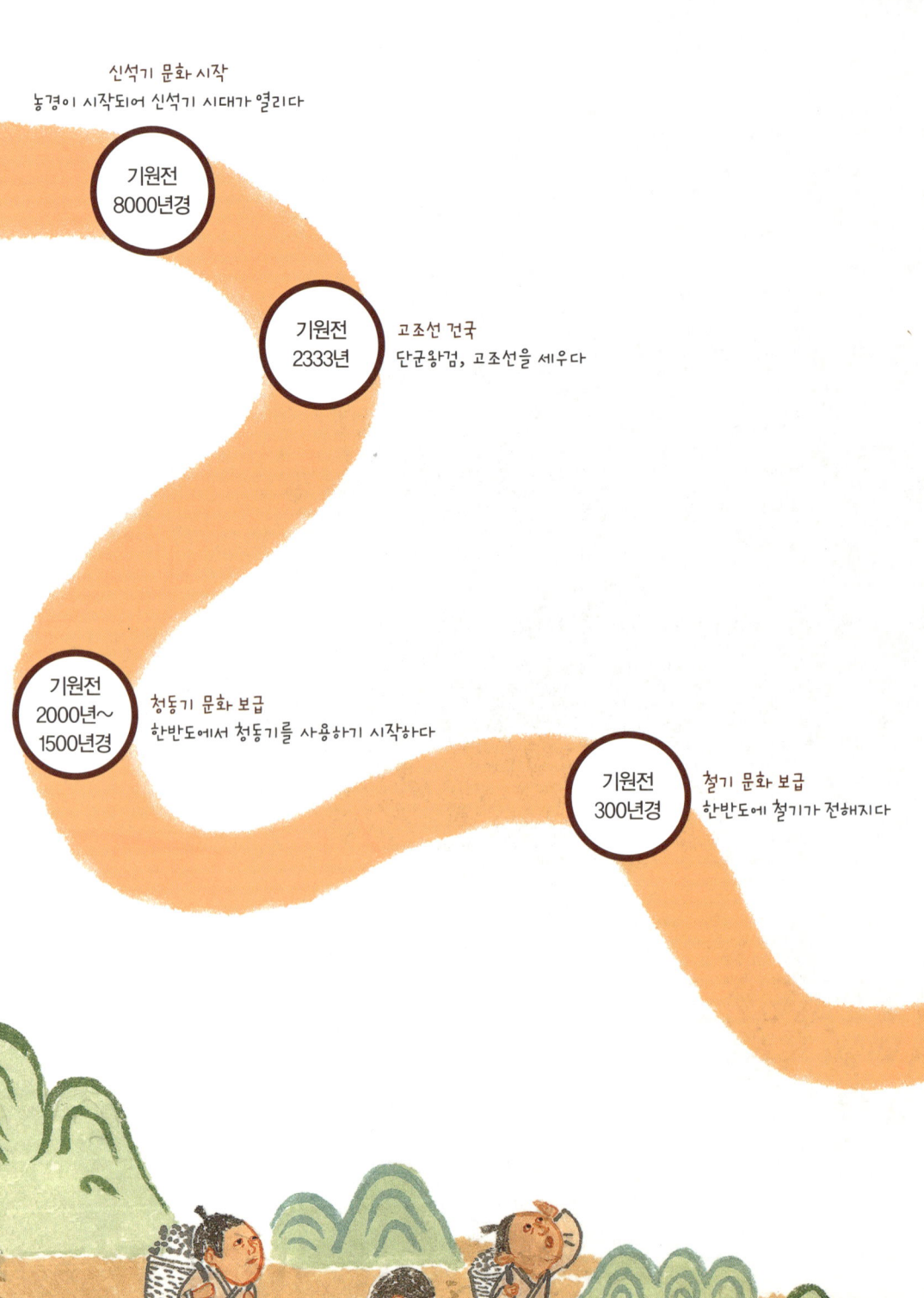

고조선 사람들은 농사를 지었어!

기원전 2333년에 우리 민족 최초의 국가가 세워졌어요. 바로 고조선이랍니다. 그런데 고조선 사람들도 우리처럼 쌀밥을 먹었을까요? 무척 궁금해지는데요, 단군 신화를 살펴보면 그 당시의 모습을 알 수 있어요. 이야기 속으로 들어가 볼까요?

기원전 108년
고조선 멸망
중국 한나라의 공격을 받아 고조선이 멸망하다

이야기로 맛보기

아주 오랜 옛날의 일이에요. 하늘나라를 다스리는 임금님인 환인에게는 '환웅'이라는 아들이 있었어요. 환웅은 구름 위에 누워 인간 세상을 구경하는 걸 즐겼지요.

환웅의 눈에 비친 땅 위 사람들은 늘 활기차고 부지런했어요. 하지만 지혜로운 우두머리가 없어서 우왕좌왕할 때가 많았지요. 그럴 때마다 환웅은 매우 안타까웠어요.

'내가 땅으로 내려가면 어떨까?'

환웅은 이런 생각을 하기 시작했어요. 한번 시작한 생각은 점점 커져 어느새 머릿속을 꽉 채웠지요.

그러던 어느 날, 환인이 환웅을 부르더니 상자를 건넸어요.

"그 상자 안에는 하늘의 세 가지 보물, 천부인이 들어 있다. 천부인을 이용한다면 인간 세상을 널리 이롭게 할 수 있을 것이니라."

환인은 예전부터 환웅의 마음을 알고 있었어요. 그래서 환웅을 위해 천부인을 내준 것이랍니다. 환웅은 기쁨에 가득 찬 얼굴로 큰절을 올렸어요.

"아버지, 감사합니다. 제가 꼭 땅 위 사람들을 언제나 행복할 수 있게 하겠습니다."

환웅은 곧장 채비를 마치고 구름에 올랐어요. 환웅을 따르는 하늘나라 사람 삼천 명도 함께했지요. 그중에는 바람을 다스리는 풍백, 구름을 다스리는 운사, 비를 다스리는 우사도 있었어요.

환웅은 태백산 꼭대기에 있는 신비로운 나무, 신단수 아래로 내려왔어요.

그리고 그곳을 '신시'라 이름 짓고 사람들을 다스렸지요.

환웅의 이름은 널리 퍼져 동물들에게도 전해졌어요. 사람이 되고 싶었던 곰과 호랑이는 그길로 환웅에게 달려갔답니다.

"환웅님, 저희는 사람이 되고 싶습니다. 제발 방법을 알려 주세요!"

환웅은 아무 말 없이 곰과 호랑이를 깊은 산속에 자리 잡은 동굴로 데리고 갔어요. 그리고 쑥과 마늘을 주며 이렇게 말했지요.

"쑥과 마늘을 먹으며 백 일 동안 햇빛을 보지 않는다면 사람이 될 수 있다. 그렇게 할 수 있겠느냐?"

"네, 할 수 있습니다. 꼭 그렇게 하겠습니다!"

곰과 호랑이는 망설이지 않고 대답했어요.

동굴은 몹시 어둡고 축축했어요. 하지만 더욱 힘든 건 따로 있었지요. 매일같이 쑥과 마늘만 먹어야 했으니까요.

"후유, 이 어두운 동굴에서 백 일 동안 쑥과 마늘만 먹으며 살아야 한다니! 답답해 죽겠네."

호랑이는 가슴이 답답한지 한숨을 푹 내쉬었어요. 곰도 힘들긴 마찬가지였지만 애써 웃으며 호랑이를 달랬지요.

"사람이 되는 게 쉽기만 하겠니? 그래도 비바람은 피할 수 있잖아. 같이 힘내 보자."

며칠이 지났어요. 호랑이는 더 이상 참을 수가 없었지요.

"못 참겠어! 동굴 밖으로 나가야겠어!"

곰이 깜짝 놀라 호랑이를 막아섰어요.

"뭐 하는 거야? 우리 함께 사람이 되기로 했잖아."

"몰라! 사람 따위가 뭐라고!"

호랑이는 곰을 밀치고 동굴 밖으로 달려 나갔어요. 곰은 순간 마음이 흔들렸어요. 하지만 마음을 다잡고 동굴 속 깊숙이 들어갔지요.

시간이 흐르고 흘러, 곰은 그토록 바라던 사람이 되었어요!

"곰이 아름다운 여자가 되었다고?"

"곰이 여자가 되었으니 '웅녀'라고 부르면 되겠구먼!"

사람들은 모두 놀라워했어요. 하지만 웅녀는 행복하지 않았어요. 어떤 남자도 곰이었던 웅녀와 결혼하려 하지 않았거든요. 웅녀는 다시 한 번 신단수를 찾아가 간절히 소원을 빌었지요.

"저를 사랑하는 남자를 만나 아이를 가질 수 있도록 해 주세요."

그때, 웅녀 앞에 한 남자가 모습을 드러냈어요. 바로 환웅이었지요. 환웅은 미소를 띤 채 웅녀를 향해 손을 뻗었답니다.

"내가 그 소원을 이루어 줘도 되겠느냐."

며칠 뒤, 신단수 아래에서 환웅과 웅녀의 결혼 잔치가 벌어졌어요. 모

 든 사람과 동물이 모여 두 사람을 축하해 주었답니다.
　그리고 환웅과 웅녀 사이에서 떡두꺼비처럼 듬직한 아이가 태어났어요. 그 아이가 한반도에 처음 나라를 세운 단군왕검이에요.

냠냠, 역사 읽기

    단군 신화를 재미있게 읽었나요? 단군 신화는 우리 민족의 뿌리를 설명하는 이야기예요. 그런데 이야기가 너무 터무니없다고요? 하늘나라에서 환웅이 내려온 것도 그렇고, 곰이 쑥과 마늘을 먹어서 사람이 되었다는 것도 도무지 믿기지 않는다고요?

    그래요, 상식으로는 이해하기 힘들지요. 하지만 알아야 할 것이 있어요. 신화는 거짓말을 하지 않는다는 점이에요. 신화를 자세히 들여다보면 그 당시에 무슨 일이 있었는지 미루어 생각할 수 있지요. 그렇다면 지금부터 고조선의 건국에 얽힌 단군 신화를 살피며 먼 옛날 한반도에서 무슨 일이 있었는지 알아볼까요?

    먼저 환웅이 하늘에서 내려온 것은 무엇을 뜻할까요? 이것은 강한 힘을 가진 무리가 한반도에 나타났음을 뜻하지요. 옛날에는 하늘을 두려워하며 우러러보았거든요.

    환웅이 환인으로부터 받은 세 가지 보물, 천부인을 통해서도 이를 짐작할 수 있어요. 천부인의 정체에 대해서 정확히 알 수는 없지만, 학자들은 청동으로 만든 거울·칼·방울이라고 추측해요. 청동은 구리에 주석을 섞어 만든 금속으로, 청동으로 만든 도구는 그 당시에 매우 귀했어요. 따라서 힘 있는 사람만이 가질 수 있는 것이었지요.

    그렇다면 환웅과 웅녀가 결혼한 것은 무엇을 뜻할까요? 먼 옛날 사람들은 강한 힘을 지닌 동물을 받들어 섬겼어요. 따라서 한반도에 호랑이를 숭배하는 부족과 곰을 숭배하는 부족이 함께 살고 있었는데, 환웅 부족이 찾아와 이 가운데 곰 부족과 손을 잡고 나라를 세운 것이라 볼 수 있답니다.

그런데 단군 신화에는 또 다른 비밀이 숨겨져 있어요. 환웅과 함께 내려온 무리 가운데 바람을 다스리는 풍백, 구름을 다스리는 운사, 비를 다스리는 우사가 있었지요? 농사를 짓는 데는 날씨가 많은 영향을 미쳐요. 바람, 구름, 비를 다스린다는 것은 환웅 부족이 뛰어난 농사 기술을 가지고 있었다는 것을 보여 주지요.

이런 점을 바탕으로 생각했을 때, 고조선 사람들이 농사를 지었다는 것을 알 수 있어요. 억지로 끼워 맞춘 것 아니냐고요? 그래서 증거를 준비했어요. 고조선의 법률인 팔조법이에요.

- 남을 죽인 사람은 즉시 사형에 처한다.
- 남을 다치게 한 사람은 곡식으로 갚아야 한다.
- 남의 물건을 도둑질한 사람은 그 집에 끌려가 종이 되어야 하나, 50만 전을 내면 풀려날 수 있다.

팔조법은 원래 여덟 개 조항으로 이루어졌지만 현재는 위의 세 가지만 전하지요. 우리가 주목해야 하는 건 '남을 다치게 한 사람은 곡식으로 갚아야 한다.'는 조항이에요. 이를 통해, 고조선에서는 곡식을 재산으로 생각하고 필요에 따라 주고받았다는 것을 알 수 있지요.

또 다른 증거는 고조선 시대의 고인돌*에서 나왔어요. 옛날에는 사람이 죽으면 다른 세상으로 간다고 믿었어요. 그래서 무덤 속에 다른 세상에서 쓸 물건을 넣어 주었는데, 그곳에서 볍씨와 함께 농사지을 때 쓰는

***고인돌** 큰 돌을 몇 개 기둥처럼 세우고 넓적한 돌을 얹어 만든 선사 시대의 무덤이에요.

반달 돌칼·돌낫 등이 발견되었지요. 이로써 우리나라가 고조선 시대부터 벼농사를 지었다는 걸 알 수 있게 되었어요.

그렇다면 지금까지 한 해석을 바탕으로 단군 신화를 실제에 가깝게 재구성해 볼까요?

> 아주 먼 옛날, 한반도에는 곰을 숭배하는 곰 부족과 호랑이를 숭배하는 호랑이 부족이 살았어요.
>
> 그러던 어느 날, 환웅 부족이 한반도에 들어와 터를 잡았어요. 환웅 부족은 발달된 청동기와 농사 기술을 가진 무리였지요. 새로 온 환웅 부족은 곰 부족과 손을 잡고 큰 힘을 가지게 되었어요. 호랑이 부족은 이들에 밀려 쫓겨나고 말았지요.
>
> 이렇게 환웅 부족과 곰 부족이 하나가 되어 세운 나라가 바로 고조선이랍니다.

고조선의 생활 모습을 더욱 자세히 알고 싶다고요? 안타깝게도 자료가 턱없이 부족해요. 고조선에 대해 남아 있는 기록은 역사라기보다는 신화에 가깝지요. 우리는 『삼국유사』를 기준으로 해서 기원전 2333년에 고조선이 세워졌다고 생각해요.

여기서 잠깐! 알아 두어야 할 것이 있어요. 『삼국유사』는 고려 시대의 승려 일연이 쓴 역사책이에요. 우리가 알고 있는 고조선은 일연이 붙인 이름이에요. 단군이 세운 조선과 뒤에 위만*이 세운 조선을 구분하려고

---

* **위만** 중국 연나라의 관리로, 고조선에 망명하여 국경의 수비를 맡았어요. 그곳에서 세력을 키워 기원전 194년에 준왕을 쫓아내고 위만 조선을 세웠지요.

'옛 고(古)' 자를 붙인 것이지요. 오늘날 우리는 이성계가 세운 조선과 구별하려고 고조선이라고 부르고 있지만요.

다시 돌아와서, 우리는 『삼국유사』에 기록된 이야기를 통해 고조선이 청동기와 농경 문화를 바탕으로 건국된 것을 알 수 있어요. 고조선은 계속 발전해 나갔고 한때는 국경을 맞대고 있던 중국의 연나라와도 어깨를 나란히 했지요.

고조선 후기에는 철기가 보급되어 농사 기술이 발달했어요. 철기란 쇠로 만든 도구예요. 청동기는 만들기가 까다롭고 단단하지 못해서 농기구로 이용하기 어려웠어요. 그런데 철기는 단단해서 농기구를 만들기에 좋았지요. 이로써 농업 생산량이 늘어나고 인구도 증가했답니다.

철기에는 또 다른 장점이 있어요. 튼튼한 무기를 만들어 국가의 힘을 키울 수 있었다는 거예요. 하지만 고조선이 이렇게 힘을 키울 때, 우리로서는 안타까운 일이 생기고 말았어요. 여러 나라로 쪼개져 혼란하던 중국 대륙이 통일을 이루었거든요.

중국 대륙을 통일한 한나라는 고조선을 집어삼키려고 했어요. 그리고 기원전 109년, 군대를 이끌고 한반도에 쳐들어왔지요. 고조선 사람들은 용감하게 맞서 싸웠어요. 하지만 전쟁이 점점 길어지며 사람들은 지쳐 갔고, 끝까지 싸워야 한다는 쪽과 항복하자는 쪽으로 의견이 갈려 다툼이 생겼지요.

결국 한나라에 넘어간 일부 지배층이 고조선의 우거왕을 살해하고 말았어요. 그리고 수도인 왕검성이 함락당하며 고조선은 멸망하고 말았지요. 이것이 기원전 108년의 일이에요. 나라를 잃은 백성들은 남쪽으로 도망쳤고, 한나라는 고조선의 영토에 낙랑군·임둔군·현도군·진번군 등의 4군을 세워 감시했지요.

  하지만 한나라의 통치는 그리 오래가지 못했어요. 고조선의 후예들이 한반도에 새로운 나라를 세웠거든요.

한 숟가락 더! 가장 오래된 볍씨 찾았다.

단군 신화와 여러 역사 자료들을 통해서 고조선이 농경 사회였다는 사실을 알게 되었어요. 그런데 나라가 세워지기 전에도 사람들은 살고 있었잖아요. 그렇다면 그때의 사람들은 무엇을 먹고 살았을까요? 과연 쌀을 언제부터 먹기 시작한 것일까요?

한반도에서 발견된 가장 오래된 쌀은 1998년에 충청북도 청원의 소로리 유적에서 발견된 볍씨예요. 땅속에서 볍씨가 나왔는데, 연구 결과 대략 1만 5천 년 전의 것이라고 밝혀졌지요. 볍씨는 말 그대로 벼의 씨앗을 뜻해요.

이전까지는 중국 양쯔 강 유역에서 발견된 1만여 년 전의 볍씨가 가장 오래된 것으로 알려져 있었어요. 그런데 소로리 유적에서 볍씨가 발견되면서 아주 오래전부터 우리 민족이 쌀을 먹은 것이 밝혀졌지요. 어찌 놀라운 발견이 아닐 수 있겠어요? 하지만 소로리 볍씨는 사람이 기른 것은 아니라 생각돼요.

그렇다면 본격적으로 벼를 기르기 시작한 것은 언제일까요? 이것 역시 또 다른 볍씨를 통해서 밝혀졌어요. 1991년에 경기도 고양에서 발견된 가와지 볍씨가 그 주인공이에요. 가와지 볍씨를 조사한 결과 무려 5천 년

전의 것으로 밝혀졌지요. 5천 년 전이면 신석기 시대로, 고조선 이전부터 이미 벼농사가 시작된 것을 뜻해요. 아주 오랜 옛날에도 한반도는 사람이 살기 좋은 환경을 갖추고 있었나 봐요.

  우리나라에서 세계에서 가장 오래된 볍씨와 무려 5천 년 전의 재배 볍씨가 발견되었다니! 우리 조상님들은 정말 쌀밥을 좋아했나 봐요. 그 기억이 우리의 유전자에 아로새겨져 지금까지 우리가 쌀밥을 맛있게 먹고 있는 건 아닐까 싶어요.

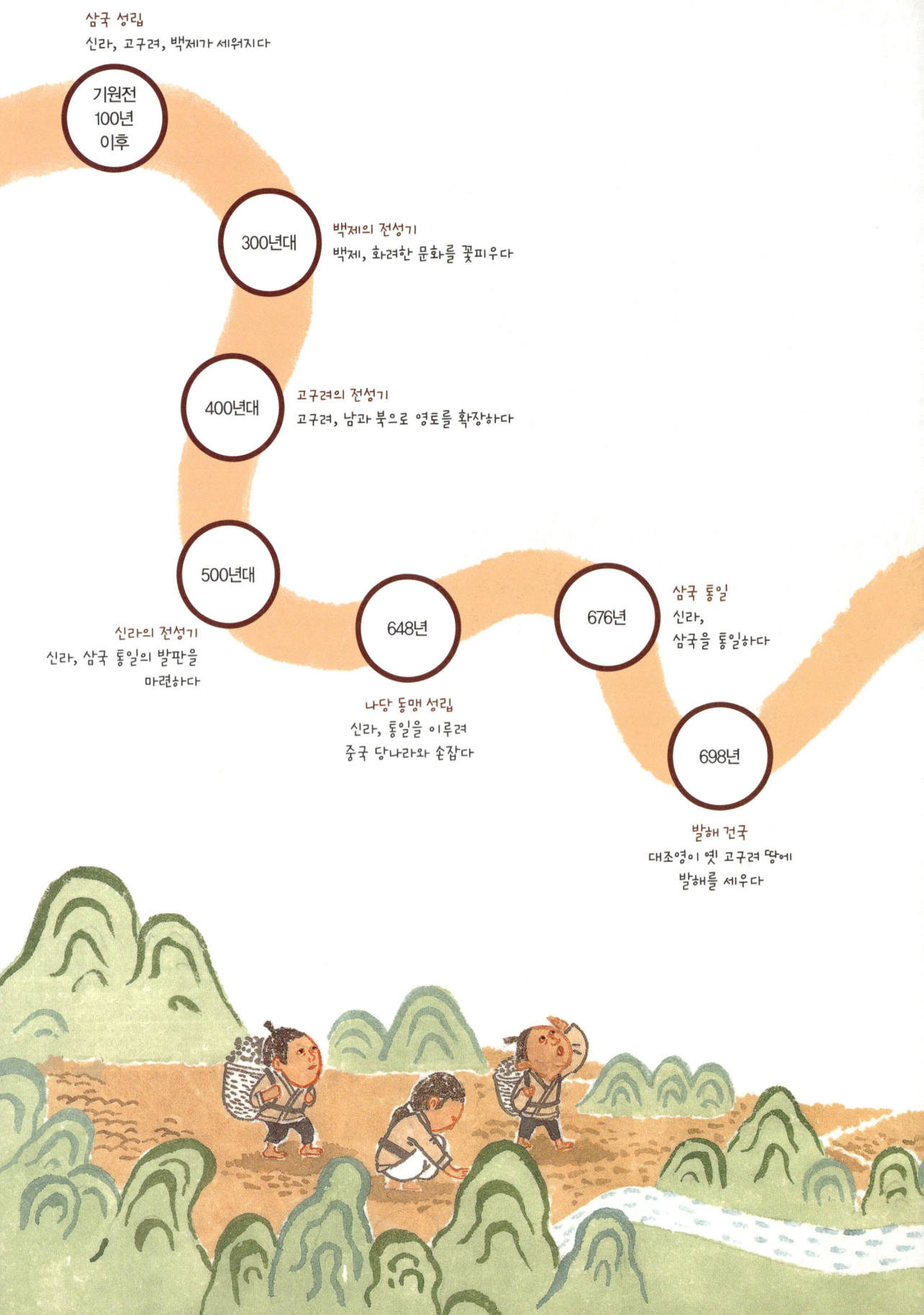

삼국이 한강을 두고 싸운 이유는?

고조선의 뒤를 이어 여러 작은 나라들이 새로 일어났어요. 그중 일부는 주변 나라를 아우르면서 점점 성장해 갔지요. 바로 삼국 시대를 이끈 고구려, 백제, 신라예요. 그런데 삼국이 한강을 두고 싸운 이유는 무엇일까요?

후삼국 시대
견훤이 후백제를, 궁예가 후고구려를 세우며 후삼국 시대가 열리다

900년대 초

이야기로 맛보기

　음력 1월 15일 대보름날은 우리의 명절로, 보름달을 보며 소원을 비는 풍습이 있었어요. 이날 밥상에는 맛난 오곡밥과 나물 반찬이 올랐지요. 부스럼이 생기지 말라고 땅콩이나 호두를 깨물어 먹는 부럼 깨기를 했고, 또 좋은 소식만 듣기를 바라며 귀밝이술을 마셨어요. 전날에는 논둑이나 밭둑에 불을 놓는 쥐불놀이를 하며 한 해 동안 탈 없기를 바랐답니다.

　특히 대보름날에는 찹쌀, 꿀, 잣, 밤, 대추 등을 버무려 찐 약밥이 빠질 수 없었어요. 이 약밥이 어찌나 맛있었는지 중국인들이 만드는 법을 배워 가서는 '고려반'이라 했다고 전하지요. 그런데 원래 약밥은 까마귀에게 바치기 위해 만든 음식이었대요. 왜 약밥을 까마귀에게 바쳤던 것일까요?

　신라의 소지왕이 나라를 다스릴 때의 일이에요. 대보름날을 맞아 소지왕은 신하들과 함께 '천천정'이라는 정자에 가고 있었지요. 그런데 어디선가 갑자기 까마귀와 쥐가 나타나 울지 않겠어요?

　"왕이시여, 저 까마귀를 따라가십시오."

　게다가 쥐가 사람의 말까지 했어요. 소지왕은 깜짝 놀랐지요.

　"어서 저 까마귀의 뒤를 쫓아라!"

　소지왕의 명령에 신하들은 얼른 까마귀의 뒤를 쫓기 시작했어요.

　훨훨 날아가는 까마귀의 뒤를 따르던 신하들이 '피촌'이라는 마을에 이르렀어요. 그때, 요란한 소리가 들려왔죠.

　"꿀꿀! 꿀꿀!"

　마을 한가운데에서 돼지 두 마리가 서로 뒤엉켜 싸우고 있었어요. 신

하늘은 까마귀를 쫓는 것도 잊고 싸움 구경에 빠져들었답니다.

"맞다, 까마귀! 까마귀는 어디에 있지?"

퍼뜩 정신이 든 신하들이 주변을 살폈지만, 까마귀는 이미 사라진 지 오래였지요.

신하들이 발걸음을 터벅터벅 돌려 작은 연못을 지날 때였어요. 연못에서 웬 노인이 나타나 편지를 건네고는 홀연히 사라져 버렸지요. 편지의 봉투에는 다음과 같은 글이 적혀 있었어요.

열어 보면 두 사람이 죽을 것이고,
열어 보지 않으면 한 사람이 죽을 것이다.

　신하들은 편지를 가져가 소지왕에게 바쳤어요. 소지왕은 편지의 내용이 너무도 궁금했어요. 하지만 결국 편지를 열어 보지 않기로 결심했지요.
　"전하, 이 편지를 열어 보셔야 합니다."
　그런데 한 신하가 소지왕을 말리며 말했어요.
　"어허, 봉투에 적힌 글을 보지 못했단 말이더냐! 나는 두 사람이 죽는 것보다 한 사람이 죽는 것을 선택하겠다."
　"그렇기에 더욱 열어 보셔야 합니다. 왜냐하면 이 글의 두 사람은 평범한 이들을 가리키고, 한 사람은 바로 전하를 가리키기 때문입니다."
　소지왕은 신하의 말을 듣고 놀라 편지를 열어 보았어요.

　　　　　거문고 상자를 쏘라.

　소지왕은 편지에 적힌 글이 도무지 무엇을 뜻하는지 알 수 없었어요. 그런데 궁으로 돌아온 소지왕의 눈에 띄는 게 있었어요. 바로 거문고를 넣어 둔 상자였지요. 소지왕은 얼른 활을 들어 상자를 쏘았어요.

"으악!"

그러자 거문고 상자 속에서 비명이 터져 나오는 게 아니겠어요?

상자 속에는 거문고 대신 궁의 일을 맡아보던 중과 후궁이 있었어요. 알고 보니 중과 후궁이 소지왕을 해치기 위해 숨어 있었던 것이지요.

"감히 왕을 죽이려 한 이들을 사형에 처하라!"

중과 후궁은 그 자리에서 목숨을 잃고 말았어요. 열어 보면 두 사람이 죽을 것이고, 열어 보지 않으면 한 사람이 죽을 것이라는 글이 그대로 맞아떨어진 것이지요.

이후 신라에서는 매년 1월의 첫 번째 돼지날, 쥐날, 말날에는 모든 일에 조심해서 함부로 움직이지 않았대요. 특히 대보름날에는 소지왕의 목숨을 구해 준 까마귀를 기리며 약밥을 지어 바쳤다고 하지요. 이것이 대보름날에 약밥을 만들어 먹게 된 유래랍니다.

냠냠, 역사 읽기

　우리가 즐겨 먹는 약밥에 이런 재미있는 이야기가 얽혀 있었다니! 이제 약밥을 먹을 때면 까마귀부터 찾을 것 같아요.
　이 이야기를 통해 우리가 알 수 있는 중요한 사실이 있어요. 삼국 시대에는 밥에다 여러 재료를 넣어서 음식을 해 먹을 정도로 식생활의 수준이 높았다는 것이지요. 이렇게 식생활이 발달할 수 있었던 가장 큰 이유는 삼국 시대에 쌀 생산량이 늘었기 때문이에요. 그렇다면 삼국 시대에 어떤 일이 있었던 걸까요?

삼국 시대 이전의 한반도 일대 지도

　흔히들 고조선 이후에 바로 고구려, 백제, 신라의 삼국이 세워졌다고 생각하지만 이는 사실과 달라요. 삼국 시대가 본격적으로 시작된 건 300년대의 일이에요. 고조선 이후 한반도와 그 북쪽에는 철기 문화를 바탕으로 부여, 고구려, 옥저, 동예, 삼한(마한·진한·변한) 등의 나라가 세워졌지요.
이들 국가에는 공통점이 있는데, 바로 여러 부족이나 나라가 모여서 이루어졌다는 것이에요. 따라서 왕이 없거나 왕이 있어도 큰 힘을 가지지 못했지요. 더군다나 나라에 나쁜 일이 생기면 왕위에서 쫓겨나거나 심할 경우 목숨까지 내놓아야 했어요.
　그런데 왕이 목숨까지 내놓아야 할 정도의 나쁜 일이 무엇이었을까요? 바로 홍수와 가뭄이에요. 그 당시에는 철기가 발전함에 따라 농업 생산력이 높아졌어요. 농업 생산력은 곧 국력을 키우는 바탕이었지요. 다시 말해 농사에 성공하느냐, 실패하느냐 하는 문제가 나라의 앞날을 결정한 것이에요. 당연히 지도자들은 농업 생산력을 늘리기 위해 저수지를 만들고, 땅을 개간하는 등의 노력을 아끼지 않았답니다.

하지만 아무리 노력한다 해도 해결할 수 없는 문제가 있었어요. 바로 자연 현상이에요. 갑작스레 찾아오는 홍수나 가뭄으로 인해 농사에 실패하는 건 어쩔 수 없었지요. 하지만 옛날 사람들은 그렇게 생각하지 않았어요.

그 당시에는 풍년을 바라며 하늘에 제사를 올리는 일이 왕의 중요한 임무 중 하나였어요. 심한 홍수나 가뭄이 오면 왕의 정성이 부족해서 하늘이 화가 난 것이라고 여겼지요. 그래서 하늘의 화를 가라앉히기 위해 왕을 쫓아내거나 제물로 바친 것이랍니다.

이런 일은 다만 우리나라의 경우에만 있는 일이 아니었어요. 농경 사회가 시작되었을 때 세계 각지에서 공통적으로 벌어진 현상이라고 해요. 끔찍한 일이지만, 그만큼 사람들에게 농사가 중요했다는 것을 알 수 있는 증거이기도 하지요.

삼국 시대에 이르며 왕을 제물로 바치는 행위는 사라졌어요. 왕의 힘이 강해지면서 각 지역을 다스리는 부족장이 그 밑에서 일을 하게 되었거든요. 이렇게 중앙 집권* 국가의 틀을 갖추기 시작한 거예요.

그렇다고 해서 삼국 시대에 농사일을 소홀히 생각했다는 뜻은 아니에

---
* **개간** 거친 땅을 일구어 논밭으로 만드는 것이에요.
* **중앙 집권** 국가의 통치 권력이 지방에 나누어 있지 않고 중앙 정부에 집중되어 있는 통치 형태예요.

요. 다른 나라와의 경쟁에서 이기기 위해서는 농업 생산력이 바탕이 되어야 했으니까요. 농업이 나라의 주요 산업을 이루면서 국가가 중심이 되어 농업을 발전시켰지요.

백제는 한강 지역의 넓은 들을 차지하고 있어 농경에 매우 유리했어요. 그래서 삼국 가운데 가장 먼저 전성기*를 맞았지요. 백제는 특히 벼농사를 활발하게 지으며 곳곳에 저수지를 만들어 이용했어요. 전라북도 김제에 있는 벽골제도 그중 하나이지요. 일본에 벼농사 기법을 전해 준 것도 백제라고 해요.

고구려는 춥고 척박한 북쪽 지역에 자리 잡고 있어서 농경에 불리했어요. 그렇기에 농사를 더욱 중요하게 생각했답니다. 고구려가 계속해서 전쟁을 벌인 이유도 농사짓기에 좋은 땅을 차지하기 위해서였어요. 그런데 아무리 땅이 넓어도 농사지을 사람이 없으면 소용없겠지요? 그래서 고구려는 세금을 낮추고, 새롭게 농사지을 땅도 주면서 적극적으로 이민을 받아들였어요. 이에 많은 사람들이 고구려로 건너가자, 중국의 후연은 세금을 낮추어 농민들이 떠나는 것을 막았다고 해요.

신라는 지증왕이 다스리던 시절, 소를 이용해 농사를 짓는 우경법을 처음 시작했어요. 우경법이 보급되면서 농업 생산량이 더욱 늘어났지요. 신라는 지증왕을 거쳐 법흥왕, 진흥왕에 이르면서 크게 발전해 삼국 통일의 발판을 마련했답니다.

이렇게 삼국은 한반도의 주인이 되기 위해 발전을 거듭하며 경쟁했어요. 그런데 이들이 한반도의 주인이 되기 위해서 꼭 필요한 것이 있었어요. 무엇인지 궁금하다고요?

* **전성기** 힘이나 세력이 가장 큰 때를 말해요.

먼저 다음 지도를 살펴보기로 해요.

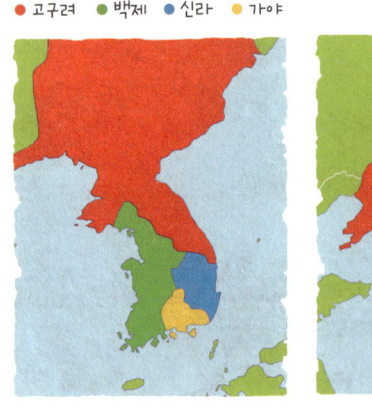
백제의 전성기(300년대)

고구려의 전성기(400년대)

신라의 전성기(500년대)

지도를 자세히 들여다보면, 각 나라가 전성기에 공통적으로 차지한 지역을 알 수 있어요. 그래요, 바로 한강 지역이에요.

강 지역은 땅이 기름져서 농작물을 키우는 데 유리해요. 아무리 날씨가 가물어도 강이 말라붙는 경우는 거의 없기 때문에 물 대기도 쉽지요. 그리고 강을 이용해 다른 지역으로 나가기도 편하고요. 이러한 이유에서 삼국은 한강 지역을 서로 차지하려 했어요. 어느 한 나라가 한강 지역을 차지하면 다른 두 나라가 동맹을 맺어 싸웠지요.

마지막으로 한강 지역을 차지한 신라는 백제와 고구려가 협력해서 공격하자 위기에 빠졌어요. 그러자 신라의 무열왕은 최후의 수단으로 중국의 당나라와 손을 잡았답니다. 이것이 648년의 일이에요.

백제와 고구려는 신라와 당나라 연합군의 공격에 무너져 내렸어요. 결국 660년에 백제가 멸망하고, 668년에 고구려도 멸망했지요. 이후 당나

* **가야** 변한에서 일어난, 김수로왕과 형제들이 세운 여섯 나라를 말해요. 562년에 대가야를 마지막으로 신라에 합쳐졌지요.
* **동맹** 나라나 무리끼리 힘을 합치기로 약속하는 것이에요.

라는 신라를 배신하고 한반도를 집어삼키려는 야망을 보였어요. 이에 신라는 당나라와 끝까지 싸워 마침내 통일을 이루어 냈답니다.

신라는 기나긴 전쟁으로 혼란스러워진 나라를 바로잡는 데 열중했어요. 그사이 한반도 북쪽의 만주 지역에서는 대조영이 고구려의 뒤를 잇는 발해를 세웠지요. 이렇게 남쪽에는 신라가, 북쪽에는 발해가 자리 잡은 남북국 시대가 열렸어요.

참, 통일 후 신라의 모습은 어땠냐고요? 통일 신라는 주변 나라들이 함부로 대하지 못할 정도로 큰 힘을 지니게 되었어요. 그럴 수 있었던 이유는 나라가 안정되며 인구가 늘어났고, 그만큼 농업 생산력이 늘어났기 때문이었죠. 또한 왕의 권력이 커지며 정치적으로도 안정된 까닭도 있었어요. 하지만 시간이 흐르며 통일 신라에도 혼란이 찾아왔어요.

신라는 혈통에 따라 왕족은 성골과 진골로, 귀족은 육두품·오두품·사두품으로, 평민은 삼두품·이두품·일두품으로 신분을 나누었어요. 이것을 '골품 제도'라고 해요. 그런데 700년대 후반부터 진골 귀족들이 왕위를 놓고 다투면서 골품 제도가 흔들리기 시작했어요. 나라의 사정은 어려워지고 백성들에 대한 착취가 더욱 심해졌지요.

진골 귀족들이 왕위를 놓고 다투는 동안, 지방에서 세력을 키운 호족이 등장했어요. 호족 가운데는 왕족 출신인 궁예, 군인 출신인 견훤도 있었지요. 이들은 차별받던 육두품 세력과 힘을 합쳐 새로운 사회를 준비했어요. 결국 900년에는 견훤이 후백제를, 901년에는 궁예가 후고구려를 세웠지요. 이렇게 통일 신라는 분열되고 후삼국 시대가 열렸답니다.

....
*착취 일한 대가를 제대로 주지 않고 마구 부리고 빼앗는 것을 말해요.

> **한 숟가락 더!**
>
> **쌀이 곧 돈**

국가적으로 불교를 믿었던 신라는 절을 짓는 데 공을 많이 들였다고 해요. 그 당시 기록을 살펴보면 절을 새로 짓거나 고쳐 지을 때 왕이 쌀을 내려 준 것을 알 수 있지요. 절을 지을 재료를 마련하거나 일꾼을 구하도록 말이에요. 쌀은 누구에게나 필요한 것이어서 물물교환*하기에 편했으니까요. 이렇게 삼국 시대에는 쌀을 비롯한 곡식이 가치를 재는 기준이자 교환 수단으로 쓰였어요. 그래요, 곧 화폐의 역할을 한 것이에요.

그런데 곡식은 보관을 잘못하면 쉽게 썩는 단점이 있어요. 또 비교적 부피가 커서 운반이 어렵지요. 그래서 고려 시대에 화폐가 등장하며 이런 교환 방식이 점점 사라졌답니다.

하지만 쌀이 화폐의 역할을 계속하며 쓰이는 곳이 있었어요. 바로 '조세(租稅)'랍니다. 조세는 국가나 지방 단체가 경비를 마련하기 위해 국민들에게 거두어들이는 돈, 즉 세금을 말해요.

조세 제도가 처음 등장한 것은 삼국 시대예요. 그 당시 세금의 종류는 조(租), 용(庸), 조(調)가 있었어요. 조(租)는 농사짓는 대가로 쌀을 바치는 것이고, 용(庸)

***물물교환** 돈을 쓰지 않고 필요한 물건끼리 서로 맞바꾸는 것이에요.

은 국가에 노동력을 제공하는 것이고, 조(調)는 각 지역에서 나는 특산물을 바치는 것이에요. 이 중 나라 살림의 바탕이 되는 것이 바로 조(租), 쌀이었답니다.

  이렇게 세금으로 쌀을 바치는 일은 삼국 시대를 지나 고려 시대를 거쳐 조선 시대까지 계속되었어요. 조세(租稅)의 조(租) 자가 '벼'라는 또 다른 뜻을 가지는 것도 바로 이 때문이지요.

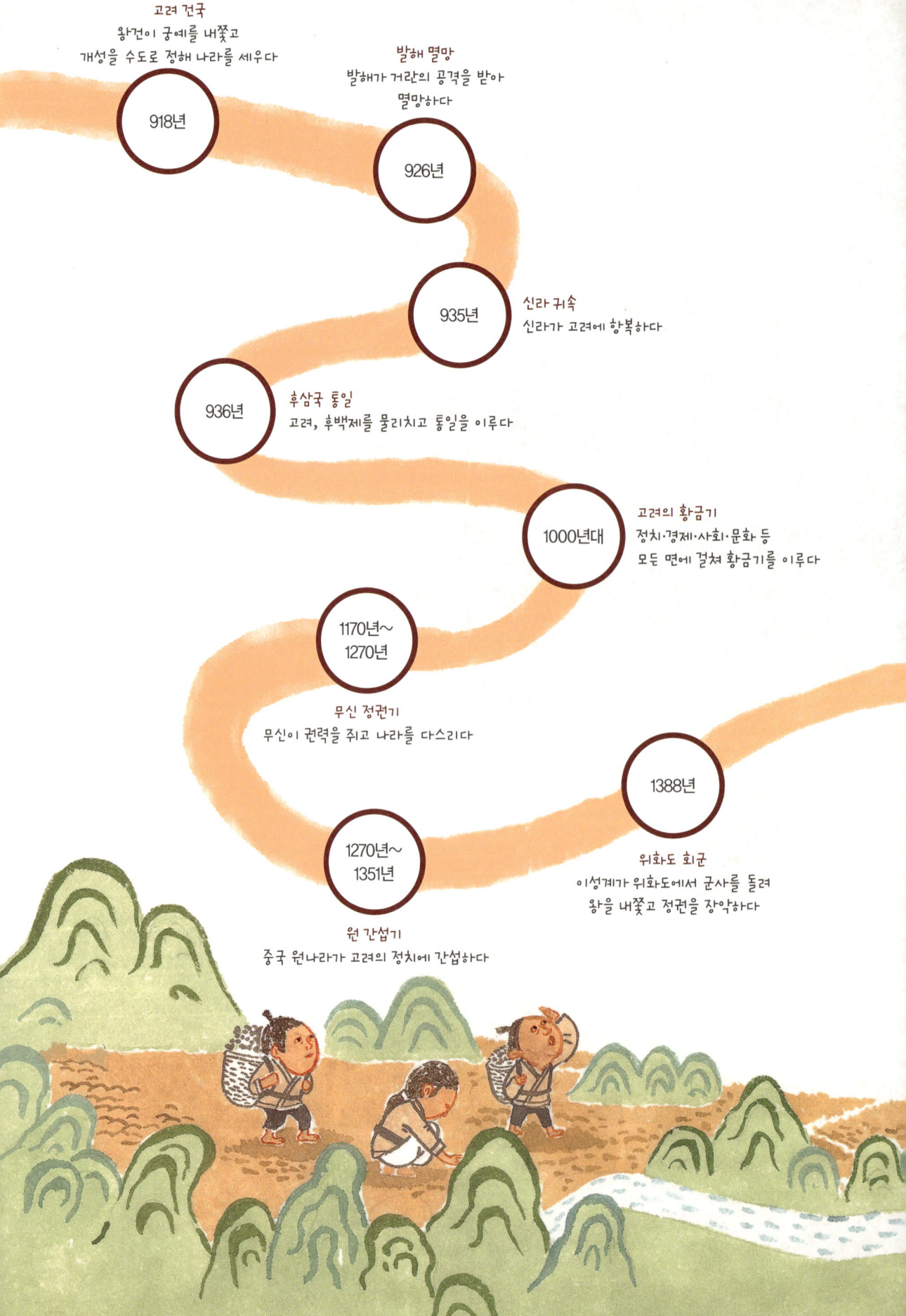

고려를 떠나니
밥이 더욱 그리워

마침내 혼란한 후삼국이 통일되고 고려가 세워졌어요. 이후 500년 동안 화려한 문화를 꽃피웠지요. 고려는 외국과 무역을 활발히 했는데, 덕분에 세계에 '코리아'라는 이름이 알려진 것이랍니다. 하지만 이렇게 번성했던 고려도 중국 원나라의 간섭을 받으며 차츰 무너져 내리기 시작했어요. 수많은 여인들이 원나라로 끌려가 고생하며 눈물로 밤을 지새우기도 했지요. 과연 무슨 일이 있었던 것일까요?

1392년

고려 멸망
고려가 멸망하고 이성계가 조선을 세우다

이야기로 맛보기

　제 이름은 꽃분이, 열네 살 꽃다운 나이의 소녀랍니다. 늘 마음은 훨훨 날아 고향으로 향하건만, 몸은 이곳 원나라 궁궐에 매여 있는 신세이지요. 저는 원나라에 바쳐진 공녀*거든요.

　얼마 전까지만 해도 저는 친구들과 산과 들을 뛰어다니며 나물을 캤어요. 그날도 마찬가지였지요.

　"이 정도면 오늘 저녁에 우리 가족 모두가 배부르게 먹을 수 있겠다. 얼른 집에 돌아가야지."

　소쿠리 가득 나물을 캐서 집으로 향하는 길이었어요. 신분 높은 나리께서 말을 타고 지나가고 있었지요. 저는 걸음을 멈추고 얼른 고개를 숙였어요.

　그런데 갑자기 제 앞에서 말이 멈추지 않겠어요? 무슨 일인가 싶어 고개를 빼꼼 들었지요. 그런데 에구머니나! 나리께서 절 빤히 쳐다보고 있었어요.

　"네 이름이 무엇이더냐?"

　"저, 저기 아랫마을 사는 꽃분이입니다."

　나리는 그 말에 고개를 끄덕이고는 다시 말을 몰았어요. 저는 영문을 몰라 얼떨떨한 표정만 지었답니다. 그때만 해도 앞으로 어떤 일이 닥칠지 몰랐으니까요.

　다음 날, 갑자기 관군들이 집에 몰려왔어요.

　"네가 꽃분이냐!"

　절 보며 소리를 쳤지요. 겁을 먹고 아무 말도 못하고 있는데 엄마가

---

*　**공녀**　고려·조선 시대에, 중국 원나라·명나라의 요구로 여자를 바쳤어요. 그 여자를 말해요.

달려왔어요.

"이 어린것이 대체 무슨 잘못을 했길래 이러십니까? 잘못이 있으면 제대로 못 가르친 저를 대신 벌하시고, 이 아이는 용서해 주십시오."

아빠와 동생 만덕이까지 달려와 관군들을 막아섰어요.

"이게 지금 뭐 하는 겁니까!"

"우리 누나한테서 떨어져요!"

관군들의 얼굴이 더욱 험악해지며 금방이라도 큰일이 터질 것만 같았답니다.

그때였어요.

"어허, 이놈들! 어디서 큰 소리를 내는 게냐!"

소리를 친 것은 전날 본 그 나리였지요.

"이번에 너희 딸을 공녀로 뽑아 원나라로 보내기로 했다. 이 어찌 영광스러운 일이 아니겠느냐. 그러니 어서 기쁜 마음으로 딸을 보내 주도록 해라."

그 말을 듣자 엄마는 저를 꼭 껴안고 나리에게 빌었어요.

"안 됩니다. 나리, 이 어린아이를 그렇게 먼 곳에……, 그럴 수는 없습니다."

"네까짓 게 감히 나랏일을 막을 수 있는 줄 아느냐. 네 딸 꽃분이는 지금 당장 원나라로 가야 한다!"

우리 가족 모두 이제 더 이상 어쩔 수 없다는 걸 알게 되었어요. 아빠는 흐르는 눈물을 감추며 제 어깨를 감싸 안았지요.

"거기도 다 사람 사는 데다. 살아만 있으면 다시 만날 게다."

엄마는 눈물을 흘리며 보자기 꾸러미를 내밀었어요.

"꼭 필요한 물건만 챙겨 넣었단다. 잃어버리지 말고."

저는 눈물을 꾹 참고 엄마와 아빠에게 큰절을 올렸어요. 동생 만덕이가 엉엉 울며 치마폭을 부여잡았지만, 결국 관군의 솥뚜껑만 한 손에 끌려 원나라로 향하는 수레에 태워졌답니다.

저는 엄마가 주신 보자기 꾸러미를 꼭 끌어안고 하염없이 울었어요. 울다 지쳐 눈물도 나오지 않게 되었을 때, 저는 머나먼 원나라에 도착했지요.

수레에서 내리자 원나라 군사가 다가왔어요. 그리고 저를 시녀들이 묵는 숙소로 데리고 갔지요. 그곳에는 저보다 먼저 고려에서 끌려와 시녀로 일하는 언니들이 있었어요. 다행히 언니들은 저를 친동생처럼 아껴 주었답니다.

그 뒤로는 정말 눈코 뜰 새 없이 바빴어요. 넓은 궁궐의 구석구석을 먼지 쌓일 틈 없이 쓸고 닦아야 했지요. 아침저녁으로 나오는 그릇과 빨래는 또 얼마나 많은지……, 처음에 이곳 사람들이 하루에 밥을 열 끼 먹고 옷을 스무 번 갈아입는 줄 알았다니까요.

그런데 일보다 저를 더 힘들게 하는 게 있었어요. 원나라 음식은 어쩜 그렇게 맛이 없는지! 아무리 배가 고파도 음식을 입에 댈 수 없더라고요. 원나라에 온 지 몇 년 된 언니들도 음식 만큼은 도저히 익숙해지지 않는다며 고개를 절레절레 흔들었어요. 우리는 날마다 고려 음식을 그리워했답니다.

"고려 음식이 너무 먹고 싶어. 쌀밥에 고기 한 점 얹어 먹으면 얼마나

맛있을까?"

"그것까지는 바라지도 않아. 쌀밥에 나물을 넣어서 비벼 먹기라도 했으면……."

"꽃분아, 너 혹시 고려에서 가지고 온 음식 없니?"

언년이 언니의 말에 저는 엄마가 챙겨 준 보자기 꾸러미를 떠올렸어요.

"아, 맞다!"

사실 일이 너무 힘들어서

열어 볼 생각도 못했었거든요.

제가 보자기 꾸러미를 가지고 오자 언니들이 우르르 몰려들었어요. 하지만 보자기 꾸러미에서는 옷가지밖에 나오지 않았지요.

"어라, 이건 뭐야?"

그런데 옷가지 사이에서 조그만 주머니가 하나 떨어졌어요. 냉큼 주머니를 열어 보았지요. 주머니 안에 들어 있던 것은 바로…….

"아, 어서 밥때 되면 좋겠다."

이제 언니들은 밥때만 기다린답니다. 저도 그래요, 밥때가 가장 좋아졌어요. 원나라 음식이 입에 맞기 시작했냐고요? 그런 건 아니고요.

"꽃분아, 밥 먹자! 얼른 가서 한가득 뜯어 와!"

"네, 언년이 언니!"

저는 얼른 궁궐 구석에 만들어 놓은 텃밭으로 향했어요.

"그새 많이 자랐네!"

텃밭에 파릇파릇 돋아난 상추를 보고서는 군침을 꿀꺽 삼켰지요.

엄마가 주머니에 넣어 두었던 건 바로 상추 씨앗이었어요. 원나라 음식이 입에 맞지 않을 걸 미리 알고 챙겨 주었던 것이지요.

상추에 밥을 얹어 입에 넣으면 맛이 그만이었어요. 잠시나마 고향에 돌아온 것 같은 느낌도 들었지요.

우리를 이상하게 본 원나라 사람들도 쌈밥을 먹어 보고는 그 맛에 홀딱 반했어요. 자꾸 와서 상추를 조금만이라도 나눠 달라고 한다니까요. 우리 먹을 것도 모자란데, 참.

처음에 원나라에 왔을 때는 다시는 고려에 돌아가지 못할 것 같아서

슬펐어요. 하지만 이렇게 밥을 먹으니 힘이 나요. 저는 언젠가 꼭 고향으로 돌아갈 거예요. 언니들과 함께 말이에요!

　엄마, 아빠, 그때까지 건강하세요. 만덕아, 누나 잊어 먹으면 안 돼! 알았지?

냠냠, 역사 읽기

　혼란한 후삼국 시대를 정리한 사람은 바로 왕건이었어요. 왕건은 송악(지금의 개성) 지방의 호족으로, 후고구려의 왕인 궁예의 아래에서 일했지요. 머리가 뛰어나고 용감했던 왕건은 후백제와의 전투에서 수차례 공을 세웠을 뿐만 아니라, 후고구려가 성장하는 데에도 큰 몫을 했어요. 궁예는 왕건을 무척 아껴서 '시중'이라는 최고 벼슬을 내렸답니다.

　그런데 궁예는 시간이 흐르며 점점 포악해져 갔어요. 스스로를 미륵불*이라 부르며 다른 사람의 마음을 꿰뚫어 볼 수 있다고 했지요. 그리고 억울한 누명을 씌워서 함부로 사람을 죽였답니다. 왕건 역시 누명을 쓰고 죽을 고비를 넘겼지요. 이런 궁예에게서 두려움을 느낀 호족들은 왕건 아래로 모여들었어요.

　"시중께서 왕의 자리에 오르셔야 합니다. 그래야만 이 나라 모든 백성들이 편안히 지낼 수 있을 것입니다."

　왕건은 결국 호족들의 뜻을 받아들이기로 했지요. 궁예를 내쫓고 새로운 왕이 된 왕건은 신라와 후백제를 무릎 꿇리고 마침내 한반도를 다시 통일했어요. 외세의 도움을 받지 않고 우리 민족의 힘으로 이룬 통일이라는 점에서 그 의미가 깊답니다.

　왕건은 새로운 나라의 이름을 고구려를 잇는다는 뜻에서 '고려'라고 지었어요. 그리고 고려를 세우는 데 도움을 준 호족들에게 높은 벼슬을 내렸지요. 벼슬뿐 아니라 토지와 노비도 주었어요. 그러는 한편 호족들의 딸을 부인으로 맞아 사돈을 맺고, 딸이 없는 이들에게는 왕씨 성을

....
＊**미륵불** 불교에서 석가모니 뒤를 이어 이 세상에 온다는 보살을 말해요. 부처가 되어 사람들을 구한다고 전하지요.

내렸답니다. 강력한 힘을 가진 호족들이 함부로 배신하지 못하게 하려고요. 하지만 이것은 근원적인 해결책이 되지 못했어요.

고려의 제4대 왕 광종은 노비안검법을 만들었어요. 노비안검법은 억울하게 노비가 된 사람들을 해방시키려고 만든 법이에요. 하지만 이 법의 숨은 의도는 따로 있어요. 호족 세력의 힘의 바탕은 바로 토지와 노비였거든요. 호족들이 거느리고 있던 노비를 풀어 줌으로써 힘을 약화시키기 위한 것이었지요. 또한 광종은 과거 제도를 실시해서 나라에 충성하는 인재를 모았답니다. 이렇게 왕의 힘을 더욱 강하게 만들었어요.

고려는 안으로는 왕권을 강화하여 중앙 집권적 정치 체제를 마련했어요. 밖으로는 중국, 일본은 물론 멀리 아라비아까지 관계를 맺고 무역을 했지요.

고려는 특히 송나라와 활발히 교류하였어요. 송나라로부터 발달된 문화를 받아들이기 위해서였죠. 그런데 거란(요나라)은 고려와 송나라가 친하게 지내자 불만을 가졌어요. 결국 세 차례에 걸쳐 고려를 침입했지요. 다행히 서희, 강감찬 등의 활약으로 이들을 무사히 막아 낼 수 있었답니다.

그렇다면 백성들의 삶은 어땠을까요? 고려는 백성들의 삶을 안정시키기 위해서 농업을 장려했어요. 백성들의 가장 큰 고민거리는 먹고사는 문제였으니까요. 만약 거친 땅을 일구어 농사를 지으면 일정 기간 동안 세금을 면해 주었지요. 이런 국가의 적극적인 정책으로 농업 기술이 상당한 발전을 이루었어요.

고려 초기에는 윤작법이 등장했어요. 윤작법은 2년에 걸쳐 보리·콩·조 등의 곡식을 돌려 짓는 것을 말해요. 고려 후기에는 시비법과 모내기법(이앙법)이 소개되며 농업 생산력이 높아졌지요.

시비법이란 쉽게 말해 거름을 주며 농사를 짓는 것이에요. 쉬지 않고 해마다 농사를 지으면 땅속 영양분이 부족해 곡식이 잘 자라지 못해요. 그래서 농사를 짓지 않고 지력을 회복시키는 시간을 가져야 하지요. 그

* 장려 어떤 일을 하라고 북돋워 주는 것이에요.
* 지력 농작물을 길러 낼 수 있는 땅의 힘을 뜻해요.

런데 가축의 배설물이나 재를 거름으로 주면서 쉬지 않고 농사를 지을 수 있게 된 것이에요.

모내기법은 못자리에서 기른 벼의 싹을 논에 옮겨 심는 방법이에요. 모내기법을 이용하면 씨앗을 직접 뿌릴 때보다 힘이 덜 들고 수확도 많았어요. 그런데 단점도 있었지요. 모내기를 하려면 논에 물이 충분해야 했거든요. 만약 가뭄이라도 들면 피해가 엄청나게 컸지요. 이러한 이유로 고려 정부에서는 모내기법을 금지했답니다. 그래서 고려 남부의 일부 지방에서만 몰래 행해졌다고 해요.

한편 고려는 100년 동안의 안정기를 지난 뒤 점점 혼란 속으로 빠져들었어요. 처음에는 과거에 합격한 문신으로 이루어진 문벌 귀족이 권력을 차지해 나라를 다스렸어요. 이들 중 '이자겸'이라는 인물은 스스로 왕이 되겠다고 반란을 일으키기까지 했지요.

문벌 귀족은 자신들의 권력을 지키기 위해 무신들을 계속해서 차별했어요. 무신은 무술을 익혀 군사 일을 맡아보던 관리예요. 높은 지위는 문신이 차지하고 무신은 그보다 낮은 지위밖에 맡지 못하는 일이 계속되었지요. 결국 이 지나친 차별은 역효과가 되어 돌아왔어요. 무신들이

* 반란 나라나 단체에서 정부나 지도자를 몰아내려고 일으키는 싸움이에요.

무력을 이용해 정권을 차지했거든요. 무신들은 왕을 꼭두각시로 만들고 나라를 마음대로 주물렀지요.

이렇게 나라가 어지러운 상황에서 백성들은 고통으로 신음했어요. 처음에는 문벌 귀족에게, 다음으로는 무신들에게 수탈*당한 백성들은 곳곳에서 신분 해방을 외치며 반란을 일으켰지요. 1176년에 충청도 지방에서 시작된 망이·망소이의 난, 1198년에 노비 만적이 중심이 되어 일어난 만적의 난도 그중 하나예요. 이렇게 땅은 점점 황폐해져 갔고, 결국 나라는 점점 가난해졌어요.

그사이 몽골 족이 세운 원나라가 대제국으로 성장해 고려를 침입했어요. 고려는 용감하게 맞서 싸웠지만 결국 무릎을 꿇고 말았지요. 이때부터 고려는 원나라의 심한 간섭을 받게 되었답니다.

그뿐만 아니라 수많은 공물*과 공녀를 원나라에 보내야 했지요. 앞서 들려주었던 꽃분이의 이야기는 이런 그 당시의 상황을 미루어 꾸민 것이에요.

이때, 원나라의 힘을 등에 업고 새롭게 등장한 지배 세력이 있어요. 바로 권문세족이에요. 권문세족은 자신들의 배를 불리기에만 바빴고, 고려는 차츰 무너져 내리기 시작했지요.

새로운 지식인 계층인 신진사대부들은 권문세족을 비판하며 고려가 다시 태어나야 한다고 주장했어요. 공민왕 역시 그들의 주장을 받아들여 원나라의 지배에서 벗어나 새로운 고려를 만들기 위해 노력했지요. 그러나 아쉽게도 공민왕의 노력은 실패로 돌아가고 말았어요.

*수탈 강제로 빼앗아 들이는 것이에요.
*공물 옛날에 약한 나라에서 강한 나라에 바치던 물건이나 곡식을 말해요.

이렇게 혼란한 시기에 두 명의 영웅이 등장했어요. 바로 이성계와 정도전이에요. 이 두 영웅이 힘을 합쳐 고려를 무너뜨리고 새로운 나라를 세우니, 그 나라가 바로 조선이랍니다.

한 숟가락 더!
맛이 좋구나 푸짐한 쌈밥,

이야기를 통해 보았듯이, 원나라에서 고려의 상추가 유명해진 데에는 슬픈 사연이 담겨 있어요. 원나라에 끌려간 고려 여인들은 상추에 밥을 싸 먹으면서 고향에 대한 그리움을 달랬지요.

원나라에서는 고려의 상추를 '천금채'라고 불렀어요. 맛이 정말 좋아 천금*을 주어야만 구할 수 있다고 해서요. 또 원나라의 '양윤부'라는 사람은 이런 시를 남겼다고 하지요.

> 해당화는 꽃이 붉어 좋고
> 살구는 누래서 보기 좋구나.
> 더 좋은 것은 고려의 상추로
> 표고버섯보다 향기가 그윽하다.

그 인기가 어땠는지 짐작할 만하죠? 그야말로 음식 한류의 원조*라고 볼 수 있지 않겠어요?

우리나라처럼 쌈밥이 발달한 나라도 없을 거예요. 커다란 잎사귀만 있으면 무엇이든지 밥을 싸 먹었지요. 그

---
*천금 많은 돈이나 비싼 값을 비유적으로 이르는 말이에요.
*원조 어떤 일을 처음으로 시작한 사람이나 갈래가 같은 것들 가운데 가장 처음 나온 것을 말해요.

중에서도 상추는 비교적 쉽게 키울 수 있어서 더 널리 퍼진 것이라 생각돼요. 그런데 백성들만 쌈밥을 좋아한 것이 아니에요. 임금님의 밥상에도 상추가 종종 올랐다는 기록이 남아 있거든요.

한편 '눈칫밥 먹는 주제에 상추쌈까지 먹는다.'라는 속담도 있어요. 얻어먹는 상황에서도 눈치를 보며 상추쌈을 먹을 정도이니, 우리 민족의 쌈밥에 대한 사랑이 유별나긴 했나 봐요.

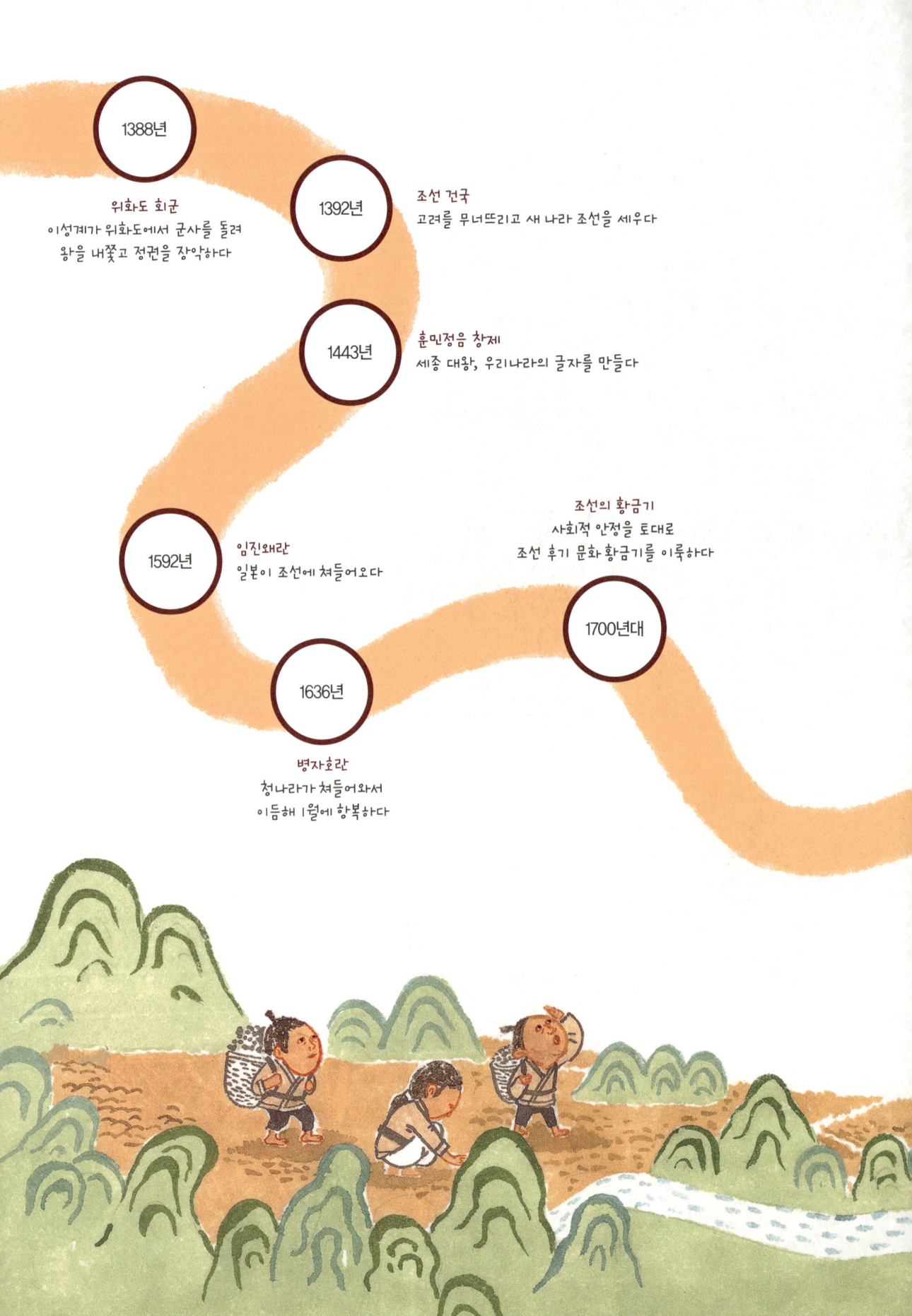

조선,
농사가 제일이니라!

한반도를 다시 통일하고 빛나는 발전을 이룬 고려는 후기에 이르러 큰 혼란을 겪었어요. 결국 고려의 뛰어난 장군이었던 이성계가 혼란을 잠재우고 새로운 나라를 세웠지요. 바로 조선이에요. 조선은 나라의 기틀을 마련하고 사회를 안정시키며 수준 높은 문화를 꽃피웠어요. 또 농사를 중요하게 여겨 국가적으로 장려했지요.

1800년대

농민 봉기
부패한 정치가 계속되자
전국 곳곳에서 백성들이 들고일어나다

 이야기로 맛보기

우리 역사를 빛낸 왕은 셀 수 없이 많아요. 그중에서 가장 위대한 왕을 꼽으라면 세종 대왕이 아닐까 해요.

세종 대왕은 나라의 기틀을 마련하고 영토를 넓히는 한편 문화 발전을 위해 노력했어요. 별을 관측하는 혼천의, 비의 양을 재는 측우기, 해시계 앙부일구 등의 과학 기구도 이때 만들어진 것이지요. 또 빼놓을 수 없는 것이 있어요. 바로 우리글, 훈민정음을 만든 것이에요. 우리가 이렇게 글을 읽고 쓸 수 있는 것도 모두 세종 대왕 덕분이지요.

세종 대왕이 이토록 많은 일을 할 수 있었던 가장 큰 힘은 책이었어요. 세종 대왕은 누구보다도 책 읽는 걸 사랑한 독서광이었거든요. 오죽하면 아버지 태종이 그의 방에 있는 책을 모조리 치우라는 명령을 내릴 정도였지요.

그런데 세종 대왕에게는 책 말고도 또 다른 힘의 바탕이 있었다고 해요. 그것은 바로 고기랍니다. 고기를 싫어하는 사람이 어디 있겠냐만은,

혼천의

측우기

세종 대왕의 고기 사랑은 유별난 데가 있었지요. 삼시 세끼 꼭 고기반찬이 있어야 했고, 고기반찬이 없으면 아예 식사를 하지 않을 정도였으니까요.

세종 대왕의 남다른 고기 사랑을 보여 주는 이야기가 또 있어요. 우리나라에는 고려 시대부터 '친경'이라는 제도가 있었어요. 나라 경제의 기본이 되는 농업을 장려하려는 목적으로 왕이 직접 농사를 지은 것이지요. 세종 대왕도 친경하는 것을 좋아했답니다.

어느 봄날, 세종 대왕은 신하들과 함께 친경하기 위해 궐 밖으로 나갔어요. 세종 대왕은 먼저 농사의 신, 선농을 모시고 있는 선농단에 올랐어요. 그곳에서 올 한 해 농사가 잘되길 기원하는 선농제를 지냈지요.

"이 나라의 모든 백성들이 배부르게 살 수 있도록 해 주시옵소서."

세종 대왕은 간절하게 기도를 올렸어요. 그러고 나서 적전으로 향해 소를 몰아 논밭을 갈았지요.

"후드득 후드득."

* 적전 임금이 몸소 농민을 두고 농사를 짓던 논밭이에요. 그 곡식으로 신에게 제사를 지냈지요.

논밭을 다 갈았을 무렵, 하늘에서 비가 내리기 시작했어요.

"전하의 마음에 감동해 하늘이 비를 내리나 봅니다. 이것은 풍년이 들 징조*이옵니다."

신하들은 세종 대왕을 소리 높여 칭송*했지요.

하지만 기쁨도 잠시 문제가 생겼어요. 비가 도무지 그칠 생각을 하지 않았거든요. 궂은 날씨 때문에 세종 대왕과 신하들은 궁으로 돌아갈 수 없었지요.

시간이 흐르자 배고픔이 찾아왔어요. 농사일을 한 뒤였으니 당연한 일이었지요. 이 노릇을 어떻게 하면 좋을까요?

하지만 세종 대왕이 누구인가요? 우리 역사에 길이 남을 왕이잖아요. 그 상황에서도 반짝이는 생각을 해냈지요.

"간단히 요기라도 하는 게 어떻소?"

----

*징조 어떤 일이 일어날 것을 미리 알려 주는 일이에요.
*칭송 훌륭한 일이나 잘한 일을 칭찬하여 높이 우러르는 것을 말해요.

그 말에 모두가 세종 대왕을 바라보았어요. 신하들의 얼굴에는 궁금증이 가득했지요. 그곳에는 먹을 거라고는 쌀 한 톨도 없었거든요. 한 신하가 물어보았어요.

"전하, 대체 무엇으로 요기를 한단 말입니까?"

그러자 세종 대왕은 살짝 민망한 얼굴로 어딘가를 가리켰어요. 손가락이 가리키는 곳을 따르던 신하들의 눈이 동그래졌지요. 그곳에 방금 전까지 논밭을 갈던 소가 있었거든요.

"전하, 설마 소를 잡아 드시겠단 말입니까? 아니 어찌……, 그런 훌륭한 생각을 하셨습니까!"

잠시 뒤, 세종 대왕과 신하들은 따뜻한 국을 마시며 추위와 배고픔을 쫓아냈어요. 이 국이 바로 선농탕이에요. 선농단 아래에서 국을 먹었다 해서 이름이 붙었지요. 이것이 지금 우리가 즐겨 먹는 설렁탕의 유래라고 해요.

냠냠, 역사 읽기

고려 후기에는 나라가 안팎으로 어려웠어요. 안으로는 자기 욕심 채우기에 바쁜 귀족들 때문에 백성들의 삶이 피폐해졌고, 밖으로는 원나라를 누르고 들어선 명나라가 고려를 위협했지요.

명나라는 고려가 원나라로부터 되찾은 땅을 돌려 달라고 요구했어요. 고려의 장군 최영은 이를 거절하고, 명나라가 차지하고 있는 요동 지역을 공격하라는 명령을 내렸지요.

최영의 명령에 따라 이성계가 군사를 이끌고 요동 정벌에 나섰어요. 위화도에 도착해 압록강을 넘으려 했으나, 날씨가 나쁘고 군사들도 지쳐서 더 갈 수 없었지요. 상황이 어려워지자 이성계는 명령을 거두어 달라는 상소를 보냈어요. 바로 다음과 같은 이유를 들어서요.

> 첫째, 우리 같은 작은 나라가 명나라와 같은 큰 나라를 치는 것은 무리입니다.
> 둘째, 농사철인 여름에는 군대를 움직이지 않는 것이 좋습니다.
> 셋째, 고려군이 요동으로 향하는 걸 알면 남쪽에서 왜구가 침입할 수 있습니다.
> 넷째, 날씨가 덥고 비가 많이 와 무기가 상하고 병사들도 전염병에 걸릴 수 있습니다.

하지만 상소는 받아들여지지 않았고 이성계는 결국 돌아가기로 했어요. 이것이 조선 건국의 시작점이 되는 사건, 위화도 회군이에요.

개성으로 돌아온 이성계는 정도전의 도움에 힘입어 고려를 무너뜨리고 새로운 나라 조선을 세웠어요. 바로 1392년의 일이랍니다.

이후 조선은 나라의 기틀을 잡고 성장해 나갔어요. 특히 제4대 세종 대왕의 업적으로 인해 눈부신 발전을 이루었지요. 그런데 세종 대왕의 업적 중 여러분이 잘 모르는 것이 있어요. 바로 농업 생산력이 크게 늘어나, 백성들의 살림이 넉넉해졌다는 점이에요. 어떻게 이런 결과를 낼 수 있었을까요?

우선 세종 대왕은 올바른 농사 방법을 백성들에게 알리기 위해서 책을 만들게 했어요. 고려 시대에 들여온 『농상집요』라는 책이 있었지만, 이것은 원나라의 것이라 우리나라의 현실에는 들어맞지 않았거든요. 세종 대왕의 명령으로 비로소 『농사직설』이 편찬됐어요. 농부들의 경험을 토대로 만든 우리의 현실에 맞는 책이었지요.

세종 대왕이 장영실을 비롯한 학자들에게 여러 과학 기구들을 만들게 한 이유도 역시 농업을 위한 것이었어요. 농사는 날씨에 따라, 시기에 따라 영향을 많이 받으니까요. 별을 관측하는 혼천의, 해시계 앙부일구, 비의 양을 재는 측우기, 물시계 자격루 등 덕분에 백성들은 언제 씨를 뿌리고 곡식을 수확해야 하는지 알게 되었답니다.

그런데 왜 이런 노력을 한 것일까요? 조선 시대 경제의 바탕이 농업이었기 때문이에요. '농자천하지대본(農者天下之大本)'이라는 말을 들어 봤나요? 농업은 사람들이 살아가는 큰 뿌리라는 뜻으로, 그 당시 사람들이 농업을 얼마나 중요하게 여겼는지를 보여 주지요. 조선은 이렇게 국가가 나서 농업을 장려했답니다.

그런데 임진왜란, 병자호란 등의 전쟁을 겪으며 땅이 황폐해졌어요.

땅을 복구하기 위해 나라에서는 개간 사업을, 백성들은 농사법 개량에 힘을 쏟았지요.

이때 크게 발달한 것이 모내기법이에요. 고려 시대에 들어온 모내기법은 조선 후기에 이르러 널리 쓰이기 시작했어요. 가뭄으로 인한 피해를 걱정한 정부가 모내기법을 금지했지만, 백성들은 저수지 같은 수리 시설을 지으며 문제를 해결해 나갔지요. 덕분에 같은 땅에서 한 해에 두 번 농사짓는 이모작이 가능해졌어요.

밭농사 또한 발전했어요. 이전에는 두둑하게 솟은 이랑에 씨를 뿌렸지만, 조선 후기에는 움푹 파인 고랑에 씨를 뿌렸지요. 이것을 '견종법'이라고 해요. 고랑에 씨를 뿌리면 가뭄이나 바람의 영향을 덜 받았어요. 또 시비법이 더욱 발전하여 여러 종류의 거름을 만들어 사용했지요.

이렇게 농업 기술이 크게 발달하며 적은 노동력으로도 많은 생산량을 낼 수 있게 되었어요. 노동력이 절약됨에 따라 한 사람이 농사지을 수 있는 땅 넓이가 늘어났고, 그러면서 빈부 격차가 더욱 심해졌답니다. 일부 사람들에게 땅이 집중되자, 대다수의 백성들은 소작농이 되거나, 그

* **개량** 나쁜 점을 보완하여 더 좋게 고치는 것이에요.
* **소작농** 일정한 대가를 주고 남의 논밭을 빌려서 농사짓는 사람을 말해요.

보다 못한 품팔이꾼*이 되어 갔지요.

상황은 점점 나빠졌어요. 양반들이 여러 가지 방법을 써서 세금을 내지 않자, 정부는 나라 살림에 필요한 돈을 백성들에게서 착취했지요. 부패한 관리들의 횡포까지 더해져 백성들의 삶은 더욱 팍팍해져 갔답니다.

결국 참지 못한 백성들이 세상을 바꾸기 위해 민란을 일으켰어요. 그 가운데 가장 대표적인 것이 동학 농민 운동이에요. 한번 솟아오른 불길은 전국을 활활 뒤덮었지요.

이에 당황한 고종은 청나라에 군대를 보내 줄 것을 요청했어요. 그러자 조선에 들어올 기회를 호시탐탐 노리던 일본이 자신들도 돕겠다며 군대를 보냈어요. 결국 동학 농민 운동은 신식 무기를 앞세운 일본군에 의해 실패로 끝이 났지요.

하지만 훨씬 큰 문제는 한반도에 들어온 일본군이 돌아갈 생각을 하지 않는 것이었어요. 이렇게 일본은 조선을 차지하려는 욕심을 불태웠답니다.

----
*품팔이꾼 품삯을 받고 남의 일을 해 주는 사람을 뜻해요.

> **한 숟가락 더!**
>
> **술을 먹지 말라**
> **소를 잡지 말라**

　조선 시대의 기록에서 왕들이 내린 재미있는 명령을 찾아볼 수 있어요. 그중에는 소를 잡아먹지 말라는 우금령도 있지요. 아니, 왜 맛있는 소고기를 먹지 못하게 한 것일까요?

　고려 시대에는 육식을 흔히 즐기지 않았어요. 고려는 불교를 장려하는 나라여서, 그 영향을 받아 육식을 꺼렸기 때문이지요. 그러나 조선은 유교를 바탕으로 세워진 나라였어요. 양반을 중심으로 차츰 육식이 퍼져 나갔고, 곧 백성들도 이를 따랐지요. 그중에서도 소고기가 가장 인기가 많았답니다.

　그런데 조선 시대에 소는 단순한 가축이 아니었어요. 농사를 짓는 데 없어서는 안 될 존재였거든요. 지금이야 기술이 발달해 소를 많이 키울 수 있지만, 조선 시대에는 그러지 못했어요. 소의 숫자는 한정되어 있는데 소고기를 원하는 사람들은 많아지니 문제가 생겼지요.

　소가 부족해 백성들이 농사를 짓는 데 어려움을 겪는다는 이야기를 들은 태조는 결국 소를 잡지 못하게 하는 우금령을 내렸어요. 만약 소를 몰래 잡다가 들키면 사형에 처해질 수도 있었지요. 이 정도로 우금령은 엄격한 법이었어요.

한편 금주령도 있어요. 조선 시대에는 주로 쌀을 이용해 술을 만들었어요. 한 명이 마실 술을 만들기 위해서는 열 명이 먹을 쌀이 필요했지요. 그래서 흉년이 들면 술을 마시지 못하게 하는 금주령을 내려 쌀을 낭비하는 일이 없도록 한 거예요. 특히 영조는 술이 사람을 망치는 독이라고 생각해서 왕으로 있는 기간 내내 금주령을 내렸다고 하지요.

앗, 그런데 세종 대왕은 어떻게 하지요? 우금령을 어긴 거잖아요. 사실 세종 대왕이 친경을 할 때 소를 잡아먹었다는 것은 입에서 입으로 전해져 내려오는 이야기예요. 아마 세종 대왕이 고기를 좋아한다는 사실이 소문나서 그런 이야기를 지어냈나 봐요.

주권 상실
일제가 강제로 한일 합병 조약을 맺어
우리나라의 주권을 빼앗다

1910년

토지 조사 사업 시행
일제, 식민 통치의 경제적 기반을 마련하기 위해
토지 조사 사업을 진행하다

1910년 ~1918년

3·1운동, 대한민국 임시 정부 수립
조선의 독립을 선언하며 3·1 운동을 벌이고,
대한민국 임시 정부를 세우다

1919년

1920년 ~1934년

산미 증식 계획 실시
일제, 산미 증식 계획을 벌여
조선의 쌀을 수탈해 가다

1940년

광복군 결성
대한민국 임시 정부,
독립을 위해 일본에 맞서 싸울
군대를 세우다

일제에 땅도 쌀도 빼앗기고

조선 후기 사회는 부패한 정치로 혼란을 겪고 있었어요. 이런 혼란을 틈타 주변의 나라들이 호시탐탐 침략의 기회를 노렸지요. 결국 서양의 앞선 문물을 받아들여 힘을 키운 일본이 조선에 쳐들어왔어요. 이렇게 해서 조선은 국권을 빼앗기고 일본의 지배를 받게 되었답니다. 일제 강점기, 우리 민족은 일본의 횡포 속에서 수많은 아픔을 겪어야 했어요. 횡포에 지친 일부는 중국으로 건너가기도 했는데…….

1945년
광복
일제에 빼앗긴 나라를 되찾다

이야기로 맛보기

오늘 창덕이는 서당에서 한자를 배웠어요.

"쌀 미(米) 자를 뜯어보면 팔(八), 십(十), 팔(八)이 합쳐져 있다. 쌀을 수확하기까지 팔십팔 번의 손길이 간다는 뜻이지. 농사는 이처럼 쉬운 일이 아니다. 그러니 쌀 한 톨도 귀하게 여겨야겠지?"

'팔십팔 번이라니, 그보다 훨씬 많이 손이 간다고.'

창덕이는 훈장님의 눈을 피해 몰래 코웃음을 쳤지요.

집에 돌아오는 길이었어요. 노랗게 익은 벼가 바람에 따라 일렁이고 있었어요. 마치 황금빛 바다를 보는 것 같았지요.

"벼 이삭을 탈탈 털어 내서 밥을 지어 먹었으면……."

창덕이는 정말로 밥 냄새가 나는 것처럼 코를 벌름거렸어요.

그때, 요란한 트럭 소리가 들려왔어요. 이런 시골에 트럭을 몰고 올 사람은 동양 척식 주식회사에서 일하는 일본인밖에 없었지요.

창덕이 눈앞에 펼쳐진 논은 원래 아버지의 땅이었어요. 아버지는 할아버지에게서 물려받은 땅을 목숨보다 귀하게 여겼답니다.

"우리 집안 대대로 내려오는 땅이다. 땅이 기름져서 벼가 잘 자라, 동네 사람들이 부러워하지. 네가 물려받은 뒤에도 잘 지켜야 한다."

아버지는 늘 이렇게 말했어요. 하지만 창덕이는 이제 그 땅을 물려받을 수가 없었어요. 아버지가 정성 들여 가꾼 땅은 동양 척식 주식회사의 것이 되었거든요.

일본은 토지 개혁*을 한다는 핑계로 조선 사람들의 논과 밭을 빼앗아 가 버렸어요. 창덕이네도 피할 수 없었지요. 결국 아버지는 일본인 지주*의

----
* **개혁** 제도나 기구 같은 것을 새롭게 뜯어고치는 것이에요.
* **지주** 땅을 많이 가진 사람을 말해요.

땅에서 일하는 소작농이 되었어요. 트럭이 가까워지자 창덕이는 길가로 몸을 피했어요. 트럭 짐칸에는 쌀가마니가 그득 실려 있었지요. 소문에 따르면 쌀은 모두 큰 배에 실어 일본으로 보낸다고 했어요.

"치, 우리 먹을 쌀도 없는데."

창덕이는 멀어지는 트럭을 노려보았어요.

그날 저녁, 창덕이는 단칸방 구석에 누워 잠을 청했어요. 꿈속에서는 배고픔을 잊을 수 있었거든요. 창덕이가 눈을 꼭 감고 누워 있는데 아버지와 어머니가 이야기 나누는 소리가 들렸어요.

"이번에도 지주에게 다 빼앗기고 남은 거라고는 쌀 몇 섬뿐이오."

"이걸로 어떻게 보릿고개까지 버티지요? 큰일이에요."

쌀밥을 배불리 먹었으면….

가을과 겨울을 지내고 나면 쌀독은 바닥을 보였어요. 초여름에 보리를 수확하기 전까지는 굶주려야 했지요. 그래서 이 시기를 '보릿고개'라고 불렀어요.

"생각을 좀 해 봤는데……, 우리 일본놈이 없는 곳으로 떠납시다."

갑작스러운 아버지의 말에 어머니는 놀랐는지 잠시 아무 말도 하지 않았어요. 창덕이도 놀라서 눈이 번쩍 뜨였어요.

"아버지, 정말 그런 곳이 있어요?"

자고 있는 줄 알았던 창덕이가 대뜸 말하자 아버지도 놀랐나 봐요. 그러나 이내 곧 미소를 띠었지요.

"그럼, 있지. 떠나기 전에 창덕이 네가 도와줄 일이 있단다."

다음 날 아침, 창덕이네 가족은 감쪽같이 사라졌어요. 빼앗긴 창덕이네 논에서 자라던 벼 이삭도 함께 사라졌지요.

일본 순사들이 사라진 창덕이네 가족과 쌀을 찾으려고 마을을 샅샅이 뒤졌지만 흔적을 찾을 수 없었어요.

"이려, 이려!"

아무것도 없는 넓은 들에서 창덕이와 아버지가 굵은 땀방울을 흘렸어요. 쟁기와 쇠스랑으로 땅을 파헤쳐 고르고 나니 굳은 땅이 농사를 지을 만큼 제법 부드러워졌답니다.

그때, 어머니가 새참이 든 바구니를 들고 왔어요. 감자와 물밖에 없었지만 그야말로 꿀맛이었지요.

그런데 이곳이 어디냐고요? 창덕이네 가족은 고향을 떠나 북으로 향했어요. 한반도의 북쪽 끝에 있는 두만강을 건너 중국의 간도에 도착했지요. 날씨가 춥고 땅이 척박했지만, 그래도 창덕이는 마음이 편했어요. 일본인 눈치를 보지 않아도 되었으니까요.

아버지는 감자를 한 입 베어 물고는 말했어요.

"올여름에는 쌀농사를 지어 봐야겠어. 창덕이도 쌀밥 먹고 싶지?"

"네!"

창덕이는 목청이 떨어져라 크게 대답했어요.

냠냠, 역사 읽기

　1910년, 우리는 일제에 강제로 주권*을 빼앗기고 식민지가 되었어요. 일제는 조선 총독부를 세우고 마구잡이로 권력을 휘둘렀지요.

　조선 총독부는 조선의 경제권마저 빼앗기 위해 대규모의 토지 조사 사업을 벌였어요. 토지의 소유권*이 누구에게 있는지 밝히기 위해서라고 했지만, 이 과정에서 수많은 농민들이 토지를 빼앗기고 말았지요.

　토지 조사 사업은 기간을 두고 토지를 신고하는 형식으로 이루어졌는데, 농민들은 이런 사실을 잘 몰랐어요. 일제는 기간 동안 신고하지 않은 땅은 무조건 빼앗아 갔답니다. 이때 전체 토지의 40%가 일제에 넘어갔다고 해요. 정말 어마어마한 수치이지요?

　빼앗은 토지는 어떻게 했냐고요? 동양 척식 주식회사를 통해 팔거나 빌려주었어요. 조선에 일본인 지주가 들어오게 하는 데 도움을 준 것이지요. 일본인 지주는 소작농들에게 높은 소작료*를 요구했어요. 또 봄철의 보릿고개 기간 동안 쌀을 빌려주고는 높은 이자를 받기까지 했답니다. 이들의 수탈을 견디다 못해 나라를 떠나는 농민도 많았지요.

　그런데 일본의 식민 지배가 꼭 나쁘기만 한 것은 아니었다는 황당한 주장을 하는 사람들이 있어요. 그들은 일제가 전국에 도로와 철도를 깔고, 항구와 공장을 지었기 때문에 조선이 발전할 수 있었다고 말해요. 하지만 이건 말도 안 되는 주장이에요. 일제가 그런 시설을 지은 이유는 자신들의 이익을 위해서였으니까요. 조선의 자원을 빼앗아 가고, 전쟁에

....
＊**주권**　나라의 주인으로서 가지는 권리예요.
＊**소유권**　어떤 것이 누구 것이라고 법으로 보호하는 권리를 뜻해요.
＊**소작료**　땅을 빌려 농사를 지은 대가로 지주에게 치르는 사용료예요.

필요한 물품을 쉽게 나르기 위해서 말이에요.

일본은 우리와 마찬가지로 쌀밥을 주로 먹어요. 그런데 1900년대에 공업화*를 이루며 농민들이 도시로 향해 노동자가 되는 경우가 많았어요. 그러다 보니 쌀 생산량이 점점 줄어들었고, 따라서 쌀 가격은 점점 올랐지요. 서민들의 불만이 커지자 일본 정부는 다른 나라에서 쌀을 들여올 계획을 세웠어요. 그 대상이 바로 조선이었답니다.

조선 총독부는 1920년에 조선의 농업을 발전시킨다며 산미 증식 계획을 발표했어요. 밭을 논으로 바꾸고, 개간과 간척* 사업을 벌이며, 물을

* **공업화** 나라의 주된 산업을 농업, 광업 등에서 공업으로 바꾸는 것이에요.
* **간척** 바다나 호수를 둘러막고, 그 안에 흙을 메워 땅을 만드는 것이에요.

소작료를 내라!

신고하지 않은 땅이니 강제로 빼앗겠다!

대는 수리 시설을 늘렸지요. 이로써 쌀 생산량이 늘어났지만, 일제가 빼앗아 가는 양이 더 많아 농민들은 늘 배고픔에 시달렸답니다.

조선의 쌀은 맛이 좋고 가격이 싸 일본 사람들에게 인기를 끌었어요. 자신들이 생산한 쌀이 경쟁력을 잃어 가자 일본 농민들은 크게 반발하기 시작했지요. 이로써 일본 정부는 1934년에 산미 증식 계획을 중단했답니다. 결국 산미 증식 계획은 조선뿐 아니라 일본의 농촌까지 모두 몰락시킨 것이지요.

한편 1910년대 토지 조사 사업과 1920년대 산미 증식 계획으로 우리 농민의 대부분이 소작농이 되었어요. 지주들의 괴롭힘은 점점 더 심해져 갔지요. 소작료를 수확량의 80% 가까이 떼어 가기까지 했으니까요.

하지만 우리 농민들이 당하고만 있던 건 아니었어요. 농민들은 권리를 찾기 위해 단체를 만들어 행동에 나섰어요. 이것이 소작 쟁의예요.

소작 쟁의는 전국 곳곳에서 벌어졌어요. 처음에는 경제적인 목적에서 시작되었지만, 점차 독립운동의 성격을 띠면서 발전했지요. 일제가 막으려 했지만, 그럴수록 농민들은 거세게 저항하며 싸웠답니다.

한편 전쟁에서 계속 이기며 기세등등해진 일본은 미국의 진주만을 공격하며 제2차 세계 대전에 본격적으로 뛰어들었어요. 일본은 중국과 전쟁을 치르는 한편, 미국과도 전쟁을 벌였기 때문에 병력과 자원이 부족했어요. 그래서 부족한 병력과 자원을 식민지인 조선에서 수탈해 갔답니다. 남자들을 전쟁터로 내몰고, 여자들도 강제로 끌고가 일본군 위안부로 이용하는 한편 무기 공장에서 부려 먹었지요. 게다가 무기를 만드는 데 필요한 재료가 부족하자 금속으로 된 물건을 모조리 뺏어 갔어요. 하다못해 숟가락까지 말이에요.

일제의 감시를 피해 중국 상하이에 임시 정부를 세웠던 우리나라의 독립운동가들은 제2차 세계 대전을 기회로 삼았어요. 광복군을 조직하고 미국의 도움을 받아 수도 서울을 되찾으려는 작전을 세웠지요. 하지만 작전을 수행하기 전, 히로시마와 나가사키에 원자 폭탄이 떨어지면서 일본이 항복을 선언했어요. 우리 스스로 독립을 이루지 못한 아쉬움이 남은 채로 1945년 8월 15일에 광복을 맞았답니다.

광복 이후 한반도는 남북으로 갈라졌고 남쪽은 미국이, 북쪽은 소련*이 점령하게 됐어요. 1950년 6월 25일에는 전쟁이 일어나며 그 후로 지금까지 분단국가로 남아 있지요.

하지만 우리나라는 계속된 발전을 거듭하며 지금에 와서는 세계에서 인정받는 선진국이 되었어요. 식량 상황 역시 마찬가지예요. 한때는 쌀 생산량이 부족해 분식을 의무화한 적도 있었지만, 지금은 농업 기술이 발달해 충분한 쌀 생산량을 자랑하고 있답니다.

사실 요즘에는 서구식 식습관이 자리 잡으며 쌀밥 위주의 식사를 하는 경우가 오히려 줄어들었어요. 그래서 남는 쌀을 처리하기 위해 고민이라는 이야기도 들려와요. 자, 오늘만큼은 따뜻한 쌀밥을 먹으면 어떨까요? 땀 흘려 농사지은 농부 아저씨, 아주머니께 감사의 마음을 가지면서 말이에요.

---

* 소련 '소비에트 사회주의 공화국 연방'을 줄인 말로, 유라시아 북쪽에 있던 세계 최초의 사회주의 국가예요. 1991년에 연방은 해체되었지요.

한 숟가락 더! 간도에서 벼농사를 짓다

　일제 강점기, 조선 총독부의 수탈과 일본인 지주의 괴롭힘에 지친 농민들은 한반도를 떠나 중국의 만주로 향했어요.

　특히 만주의 간도 지역은 날씨가 춥고 땅이 척박해 사람이 거의 살지 않았어요. 하지만 우리 조상들은 그곳에 새로운 터전을 마련하기 위해 노력했답니다. 땅을 일구고 물길을 뚫어 논을 만들었지요.

　앞서 말했다시피 간도의 날씨는 몹시 추워서 물이 얼어 버리는 경우가 흔했어요. 하지만 우리 조상들의 의지는 날씨도 꺾을 수가 없었지요.

　수년 동안의 노력 끝에 마침내 간도에서 쌀농사에 성공했어요. 이는 중국인들에게 커다란 충격으로 다가왔

어요. 서로 앞다퉈 쌀농사 짓는 비법을 배우려 했고, 지주들도 조선 사람이라면 두 팔 벌려 환영하며 땅을 내주었지요. 이렇게 간도에서 시작된 쌀농사는 만주 전역으로 뻗어 나갔답니다.

그 당시, 우리 농민들의 힘이 얼마나 대단했는지 알려 주는 자료가 있어요. 1934년 만주 지역에 사는 조선 사람은 전체 인구의 3%밖에 되지 않았어요. 그런데 3%밖에 안 되는 사람들이 전체 쌀 생산량의 90%를 담당하고 있었다고 해요. 지금도 중국에서는 이때 만주 지역에서 쌀농사를 성공한 것을 '농업 혁명'이라고 부르고 있지요. 정말 놀랍지 않나요?

쌀로 빚은 문화

떡과 함께하는 삶

밥이 아니어도 우리 주변에 쌀로 만든 음식은 많이 있어요. 그중 가장 대표적인 것이 떡이지요. 우리 민족은 떡을 언제부터 먹었을까요? 놀라지 마세요, 무려 청동기 시대부터래요. 청동기 시대 유적에서 떡을 찌는 시루가 발견되었거든요. 우리 민족과 오랜 시간 동안 함께해 온 떡! 어느새 우리의 삶과 떼려야 뗄 수 없는 음식이 되었다고 하는데요, 도대체 무슨 이야기냐고요?

 냠냠, 문화 읽기

　청동기 시대부터 우리 조상들은 벼농사를 지으며 쌀을 먹기 시작했어요. 하지만 그 당시에는 밥을 짓는 도구와 기술이 부족했지요. 밥을 지으려면 가마솥이 필요한데, 쇠붙이는 제기*나 무기로만 쓰일 정도로 귀했으니까요. 또 껍질을 벗겨 낟알을 얻는 일도 쉽지 않았어요. 그래서 곡물을 갈아 가루를 내 시루*에 쪄 먹었지요. 이렇게 떡을 먹기 시작한 것이랍니다.

　시간이 흐르며 밥을 짓는 도구와 기술이 발달하자, 밥이 주식이 되었어요. 그리고 떡은 특별한 날 즐기는 음식이 되었지요. 조선 시대의 한 요리책에 나오는 떡의 종류는 무려 198가지에 이르며, 떡을 만드는 데 쓰는 재료만 해도 95가지나 되었다고 해요. 정말 놀랍지 않나요?

　이렇게 우리 민족은 오랜 시간 동안 떡을 즐겨 왔어요. 우리의 삶은 언제나 떡과 함께한다고 할 수 있을 정도로요. 그런데 떡과 함께하는 삶이라니, 무슨 이야기인지 궁금하다고요?

　우리 조상들은 아기가 태어나 삼칠일*이 되면 백설기를 만들었어요. 쌀가루를 고물 없이 하얗게 쪄 내, 깨끗함과 신성함을 나타냈지요. 그리고 아기에게 나쁜 일이 생기지 않길 바라며 신에게 바쳤답니다.

　아기가 태어난 지 백일이 되는 날을 축하하는 백일잔치와 처음 맞는 생일을 축하하는 돌잔치에도 백설기가 빠질 수 없었어요. 수수경단과 오색 송편 역시 상에 함께 올랐지요.

．．．．．．．．
＊**제기**　제사에 쓰는 그릇이에요.
＊**시루**　떡이나 쌀 따위를 찌는 데 쓰는 둥근 그릇이에요. 진흙을 구워 만들지요.
＊**삼칠일**　아이가 태어나고 스무하루 동안, 또는 스무하루가 되는 날이에요.

수수경단은 수수 가루를 쪄서 팥고물을 묻혀 만들었어요. 우리 조상들은 붉은팥이 귀신과 나쁜 기운을 쫓는다고 믿었거든요. 색색의 오색 송편은 모든 것을 골고루 갖춘 사람으로 자라기를 바라는 마음에서 만들었지요.

잔치가 끝나면 다른 사람들과 함께 떡을 나눠 먹었었어요. 여럿이 나눠 먹을수록 아기가 복을 받는다고 믿었으니까요. 그런데 재미있는 건 삼칠일에 만든 백설기는 사람들에게 나누어 주지 않고 가족끼리만 먹었다고 해요. 아기와 산모를 신의 보호 아래 둔다는 의미에서요.

혹시 '책거리'라는 풍습을 들어 본 적이 있나요? 지금은 거의 사라졌지만, 옛날에는 굉장히 중요한 행사였어요. 아이가 서당에서 책 한

권을 다 공부해 떼면 훈장님과 친구들에게 한턱을 냈지요. 책거리 음식으로는 국수나 송편 따위를 마련했답니다. 기다란 국수처럼 오랜 시간 공부에 힘쓰라는 뜻에서, 또 송편 속을 채우듯이 지식을 채우라는 뜻에서 말이에요.

어른이 되어서 결혼할 때도 떡은 꼭 필요했어요. 옛날에는 결혼 전에 신랑 집에서 신부 집으로 선물이 담긴 함을 보냈어요. 신부 집에서는 함을 가지고 오는 사위와 일꾼들을 대접하기 위해 봉채떡을 준비했지요. 봉채떡은 찹쌀가루와 팥고물을 켜켜이 쌓아 대추와 밤을 올려 만들었어요. 찹쌀가루는 부부가 찰떡처럼 붙어 잘 살기를 바라는 뜻에서, 팥고물은 귀신과 나쁜 기운을 쫓으려는 뜻에서 넣었지요. 대추와 밤에는 자식을 많이 낳으라는 의미가 담겨 있답니다.

색떡

달떡

봉채떡

혼례상에는 달떡과 색떡을 올렸어요. 달떡은 보름달처럼 둥글게 빚은 것인데, 어둠을 밝게 비추고 둥글게 살라는 의미를 담았지요. 색색의 물을 들여 만든 색떡은 혼례상을 화려하게 빛내 주었답니다.

옛날에는 오래 사는 게 대단히 경사스러운 일이었어요. 특히 예순한 살의 생일은 '환갑'이라 하여 크게 축하했지요. 이때는 직사각형 모양의 떡, 편을 높게 쌓아서 장수*를 자랑했어요.

제사상에도 떡은 빠지지 않았어요. 제사상에 올리는 떡은 각 지역별로 다양한데, 한 가지 공통된 것은 붉은팥을 쓰지 않았다는 것이에요. 앞에서 말했듯이, 붉은팥이 귀신을 쫓는다고 믿었기 때문이지요. 조상님이 제삿날 찾아왔다가 그냥 돌아가면 큰일이잖아요?

어때요, 과연 떡과 함께하는 삶이지요? 그런데 이뿐만이 아니에요. 우리 조상들은 사시사철 때마다 떡을 만들어 먹었으니까요.

음력 1월 1일 설날에는 떡국을 먹었어요. 설날 아침에 떡국을 먹어야 한 살을 더 먹는다고 했지요.

대보름날에는 약밥을 만들었어요. 신라의 소지왕이 까마귀 덕분에 목숨을 구한 이야기를 기억해요? 그때의 풍습이 이어져 내려온 것이지요.

음력 3월 3일, 삼짇날에는 진달래꽃을 얹어서 진달래 화전을 만들었어요. 한식날*에는 쑥을 넣은 쑥떡을, 음력 5월 5일 단옷날에는 수리취를 넣은 수리취떡을 먹었지요. 수리취떡은 '차륜병'이라고도 불리는데, 떡의 무늬가 수레바퀴를 닮았기 때문이에요.

음력 6월 15일, 유둣날에는 맑은 물에 머리를 감고 수단을 먹으며 더

* **장수** 오래 사는 것이에요.
* **한식날** 우리 명절의 하나로, 조상의 산소에 찾아가서 차례를 지내고 묘를 돌봐요. 4월 5일이나 6일쯤이지요.

위를 식혔어요. 수단은 떡을 둥글게 빚어 꿀물에 띄운 음식이랍니다.

몹시 더운 복날에는 더위를 이기는 보양식과 증편을 먹었어요. 증편은 막걸리를 넣어 발효시켜 만들었지요. 발효 음식이어서 잘 상하지 않고 맛이 새콤해 더위에 잃은 입맛을 찾아 주었답니다.

햇곡식을 거두어들이는 추석에는 송편을 만들었어요. 수확을 감사하는 마음에서 차례상에 송편을 올렸지요. 송편을 반달 모양으로 빚는 이유는 반달이 보름달이 되듯 모든 일이 잘되라는 뜻에서였어요.

밤이 가장 짧은 동짓날에는 팥죽을 쑤고 새알심을 넣었어요. 떡이 새알만 해서 이런 이름이 붙었는데요, 새알심은 자기 나이 만큼만 먹어야 했지요.

우리 민족이 오랜 시간 동안 즐겨 온 떡, 종류가 정말 다양하지요? 다양한 떡의 공통점은 바로 맛있다는 것! 쫄깃쫄깃 맛있는 떡을 먹으며 우리 문화를 알아 가는 재미를 느껴 보세요.

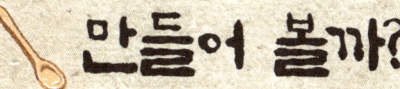 ## 만들어 볼까?

쫄깃쫄깃 고소한 인절미,
전자레인지를 이용해 쉽게 만들 수 있어요.

① 그릇에 찹쌀가루와 소금, 설탕을 넣고 잘 섞어요.

② 뜨거운 물을 조금씩 부어 가며 반죽해요.

③ 랩을 덮어 전자레인지에 넣고 5분 정도 익혀요.

④ 먹기 좋은 크기로 잘라서 콩가루를 묻히면 인절미 완성!

장맛이 좋아야
집안이 잘되지!

아무리 좋은 쌀로 맛있는 밥을 하더라도, 밥만 먹으면 맛이 심심해요. 또 영양학적으로 좋지 않고요. 밥에는 탄수화물이 풍부하지만, 단백질이나 지방 같은 영양소는 부족하거든요. 그래서 밥을 먹을 때는 반찬을 곁들이지요. 이런 반찬의 간을 맞추고 맛을 더하는 데 빠질 수 없는 것이 바로 장이랍니다. 바로 간장, 된장, 고추장 말이에요. 집안의 장맛이 좋으면 모든 음식이 맛있어요. 또 집안일도 술술 잘 풀린다고 하지요. 왜 장맛이 좋으면 집안이 잘되는 것일까요?

 냠냠, 문화 읽기

오늘날에는 음식 재료를 구하기가 쉬워요. 마트에 가면 땅에서 자라는 고기와 채소, 바다에서 자라는 생선과 해초까지 한자리에 모여 있으니까요.

이런 재료들 가운데는 상하기 쉬운 것도 있어요. 쉽게 상하는 재료는 손질해 냉장고에 보관하면 되지요. 우리는 필요할 때마다 냉장고에서 재료를 꺼내 끼니를 해결할 수 있답니다. 그런데 옛날에는 어땠을까요?

옛날에는 물건을 실어 나르는 운송 기술이 발달하지 못했어요. 그래서 시장이 매일 열리지 않았지요. 필요한 재료는 직접 키워 먹는 일이 흔했답니다.

그런데 그때는 음식을 한꺼번에 너무 많이 만들어도 안 됐어요. 왜냐하면 냉장고가 없어서 보관하기가 어려웠거든요. 결국 그날 먹을 양 만큼만 음식을 만들어야 했지요.

만약 재료를 구하지 못하는 날에는 맨밥을 먹어야 했냐고요? 아니요, 간장, 된장, 고추장 등의 장이 있잖아요. 장 하나만 있어도 밥 한 그릇을 너끈히 비울 수 있었지요. 장은 오랫동안 보관해도 상하지 않고 오히려 맛이 깊어지는 발효 음식이니까요.

우리의 밥상에 장이 빠지는 경우는 거의 없어요. 국이나 찌개, 그리고 갖은 반찬에 간을 맞추고 맛을 더하는 데 장이 들어갔지요. 이런 밥상의 모습은 옛날과 지금이 크게 다르지 않아요. 그렇다면 우리 조상들은 언제부터 장을 담가 먹었을까요?

먼 옛날, 중국에서도 장(醬)을 만들었다고 해요. 그런데 중국의 장은 우리의 장과 이름만 같을 뿐, 전혀 다른 음식이었어요. 중국의 장은 고기를 말려서 소금을 섞어 발효시켰지요. 반면 우리의 장은 콩과 쌀을 이용해서 만들었답니다.

간장이나 된장은 콩을 주재료로 해요. 콩은 약 4천 년 전에 중국 만주 지역에서 처음 기른 것으로 알려져 있어요. 역사학자들은 한반도에서도 그즈음부터 콩을 먹기 시작했고 자연스레 장을 담갔으리라 짐작한답니다.

삼국 시대에 이르면서 장은 두루 쓰였어요. 중국에는 다음과 같은 기록이 전해요.

> 고구려 사람들은 콩으로 장을 담가 먹는데, 그 맛이 뛰어나다.

고구려에서는 고기의 누린내를 없애기 위해 간장에 절여 두었다가 양념해 숯불에 구워 먹었어요. 이것을 '맥적'이라고 하는데요, 맥적은 중국에서도 인기를 끌었다고 해요.

고구려, 백제, 신라의 세 나라는 생활 환경이 비슷했어요. 따라서 백제와 신라에서도 장을 즐겨 먹었으리라 추측하지요. 특히 신라에서는 결혼할 때 신부 집에서 신랑 집으로 장의 원료가 되는 메주를 선물로 보냈다고 해요. 신라의 신문왕도 왕비를 맞을 당시에 결혼 예물로 메주와 청국장을 받았다는 기록이 있답니다.

우리 조상들은 모든 음식의 기본이 되는 장을 소중히 여겼어요. 장을 담은 항아리를 모아 두는 장독대는 아무나 드나들지 못하도록 집 뒷마당에 마련했지요.

또 장독대에 신이 있다고 믿었어요. 만약 장독신을 화나게 하면, 장맛이 변해 가족들에게 나쁜 일이 닥칠 거라고 생각했지요. 먹을거리가 귀했던 그 시대에 장맛이 변한다는 건 엄청난 일이었으니까요.

이러한 믿음을 『삼국사기』를 통해 확인할 수 있어요. 삼국 통일의 기틀을 다진 신라의 김유신 장군이 싸움터로 향하는 길이었어요. 마침 집 앞을 지나게 되었는데, 오랫동안 보지 못한 가족들이 무척 그리웠지요. 하지만 많은 병사를 거느리는 장군으로서 참아야 했어요. 대신 김유신 장군은 부하에게 명령을 내렸답니다.

"집에 가서 간장을 얻어 오거라."

부하가 간장을 얻어 오자, 김유신 장군은 맛을 보고 비로소 미소를 지었어요.

"간장 맛이 그대로인 걸 보니 집이 평안한가 보구나."

가족에 대한 걱정을 떨쳐 버린 김유신 장군은 싸움터로 향해서 큰 승리를 이뤄 냈다고 해요. 참 재미있는 이야기이지요?

삼국 시대를 지나 조선 시대를 거치며 장 담그는 기술도 점점 발달했어요. 그러던 조선 중기, 우리나라에 고추가 전해졌지요. 이때부터 고추를 이용해 고추장을 만들기 시작했답니다.

오늘날에는 대부분 장을 사 먹지만, 옛날에는 직접 담가 먹었어요. 집안의 가장 중요한 행사 가운데 하나가 장을 담그는 일이었지요. 그런데 장을 어떻게 만드는지 궁금하다고요?

제일 먼저 할 일은 삶은 콩을 찧어 메주를 빚는 것이에요. 햇볕과 바람이 잘 드는 곳에 메주를 놓아 말리면 곰팡이가 모이지요.

메주가 알맞게 익으면 깨끗한 항아리에 넣고 소금물을 부어요. 이때 나쁜 세균과 냄새를 잡을 목적으로 숯, 고추 등을 함께 넣지요. 낮에는 항아리 뚜껑을 열어 햇볕과 바람을 쏘이고, 밤에는 뚜껑을 닫아 이슬을 맞지 않게 해요. 이렇게 시간과 정성을 들여 장이 발효되기를 기다려요. 그러고 나면 메주와 물을 따로 나누는데 메주는 된장이, 물은 간장이 된답니다.

고추장은 쌀로 죽을 쑤어서 메줏가루, 고춧가루, 소금 등을 섞어서 만들어요. 간장이나 된장과 달리, 주재료가 쌀이라는 점이 특별하지요. 하지만 메주가 필요한 것은 같아요.

이렇게 만든 간장, 된장, 고추장은 항아리에 넣어 장독대에 보관했어요. 장독대에는 금줄을 쳐서 아무나 드나들지 못하게 했지요. 금줄은 나쁜 기운을 막으려고 치는 것인데, 대개 새끼줄에 숯과 고추 등을 끼워 만들었어요. 앞에서 말한 것처럼 숯과 고추는 나쁜 세균과 냄새를 잡아 주는 효과가 있어요. 이런 과학적 사실을 경험으로 자연스레 알다니, 새삼 조상들의 지혜에 감탄하게 돼요.

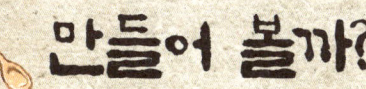 만들어 볼까? 우리의 밥상을 책임지는 매콤 달콤 고추장을 이용해 떡볶이를 만들어 봐요!

 채소와 어묵을 먹기 좋은 크기로 썰어요.

 고추장에 갖은양념을 넣어 양념장을 만들어요.

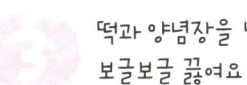 떡과 양념장을 넣어 보글보글 끓여요.

 채소와 어묵을 넣고 국물을 졸이면 맛있는 떡볶이 완성!

죽으로 병도 고치고 귀신도 쫓아내고!

농사를 짓기 시작하면서 인류는 자연스럽게 곡물을 끓여 먹기 시작했어요. 죽은 곡물로 만든 음식 가운데 가장 오래된 것이랍니다. 우리나라에서도 오래전부터 죽을 먹어 왔고, 지금도 많은 사람들이 즐기고 있어요. 갓난아이의 이유식으로, 아픈 환자들의 영양식으로, 바쁜 직장인의 아침으로 다양하게 활용되고 있지요. 그런데 옛날에는 죽으로 귀신을 쫓을 수 있다고 믿었대요. 과연 정말로 그럴까요?

 **냠냠, 문화 읽기**

　죽은 쌀 따위의 곡식을 오래 끓여 무르게 만든 음식이에요. 쉽고 간편하게 만들 수 있어서 아주 오래전부터 즐겨 먹었지요.

　그런데 죽에는 또 다른 장점이 있어요. 바로 양을 늘리기 쉽다는 것이에요. 곡식을 오랫동안 끓이면 불어나니까요. 물론 먹고 나면 금세 배가 꺼지기는 하지만, 먹을거리가 부족했던 옛날에는 잠시라도 굶주림에서 벗어나게 도와주었지요.

　죽은 몸이 아픈 사람들을 위한 영양식이기도 해요. 몸이 아프면 소화 기능이 약해져서 밥을 넘기기 힘들지요. 하지만 죽은 부드럽고 자극이 덜해 소화가 잘된답니다. 여러분이 아플 때 부모님이 죽을 끓여 주는 이유가 바로 이 때문이에요.

　조선 시대, 허준이 쓴 『동의보감』에서도 아침에 죽을 먹으면 정신이 맑아진다고 소개하고 있어요. 또한 순조 때의 실학자 서유구는 죽이 몸에 좋은 열 가지 이유를 기록했다고 해요. 함께 살펴볼까요?

혈색을 좋게 한다.	말을 잘하게 한다.
기운을 내게 한다.	풍증을 없앤다.
수명을 늘려 준다.	소화가 잘되게 한다.
갈증을 없애 준다.	말소리를 맑게 한다.
몸과 마음을 안락하게 한다.	배고픔을 없앤다.

　우리가 흔히 먹는 흰죽은 어쩐지 심심한 맛이에요. 쌀과 물만 넣어 끓

이니 당연하지요. 우리 조상들은 흰죽에 여러 재료를 넣어 별미*로 먹었답니다. 만들어 먹은 죽의 종류도 수십 가지에 이른다고 하지요.

조선 시대에는 아침으로 죽을 먹는 사람들이 많았어요. 기록에 따르면, 죽을 파는 장사꾼의 목소리가 골목을 요란하게 울릴 정도였다고 하지요.

왕실에서도 아침을 먹기 전에 간단하게 죽을 즐겼다고 해요. 왕실에서 먹는 특별한 죽을 하나 꼽자면 타락죽이 있어요. 타락은 우유를 뜻하는 옛말인데, 우유에 쌀을 넣어 쑨 것이지요. 그 당시에는 우유가 몹시 귀해서 '타락색'이라는 우유를 관리하는 관청이 따로 있을 정도였어요. 사정이 이렇다 보니 타락죽은 왕족이 아니면 먹기 힘들었지요. 하지만 때로는 왕이 신하들에게 타락죽을 선물로 내려 주기도 했어요. 참! 타락죽은 보약의 한 종류로 여겨졌기 때문에 수라간*이 아니 내의원*에서 만들었다고 해요. 재미있지요?

그렇다면 백성들이 별미로 먹은 죽은 무엇이 있었을까요? 가만히 있어도 땀이 비 오듯 흐르는 여름이면, 농부들은 잠시 일을 멈추고 냇물로 나가 고기잡이를 즐겼어요. 이를 '천렵'이라고 해요. 이렇게 잡은 물고기의 살을 발라 쌀과 함께 푹 쑤어 어죽을 만들었지요. 어죽 한 그릇이면 아무리 더운 여름도 거뜬히 이겨 낼 수 있었답니다.

여름을 이기는 음식 하면 또 빼놓을 수 없는 게 닭죽이에요. 닭을 통째로 삶아서 고기는 따로 먹고, 국물에는 쌀을 넣어 끓였지요. 이렇게 하면 여럿이서도 배불리 먹을 수 있었어요.

* **별미** 특별히 맛있는 음식이에요.
* **수라간** 임금의 진지를 짓던 주방을 말해요.
* **내의원** 조선 시대에, 궁중의 치료를 맡아보던 기관이에요.

신분의 높고 낮음을 가리지 않고 동지˟에는 반드시 팥죽을 쑤어 먹었어요. 또 집 곳곳에 팥죽을 뿌려 나쁜 귀신을 쫓았지요. 붉은팥이 귀신을 쫓는다는 믿음 때문이기도 했지만, 실제로는 영양소가 풍부한 팥죽을 먹어 겨울철 건강을 지킨 것이랍니다. 우리 조상들의 지혜가 놀랍지요?

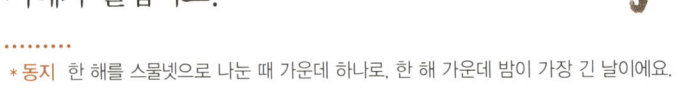

*동지 한 해를 스물넷으로 나눈 때 가운데 하나로, 한 해 가운데 밤이 가장 긴 날이에요.

이 밖에도 고소한 맛이 일품인 잣죽, 노란 빛깔이 군침을 돌게 하는 호박죽, 기운을 불끈 나게 하는 전복죽 등도 즐겨 먹었어요. 또 된장과 고추장을 넣어 끓인 장국죽도 있지요.

오늘날에 와서 죽은 바쁜 현대인의 간편한 아침 식사로, 건강을 지키는 웰빙 음식으로 주목받고 있어요. 나아가 한식이 세계에 알려지며 죽도 인기를 끌고 있지요. 온갖 재료를 넣어 다양한 맛으로 즐길 수 있으니까요.

앞으로도 계속해서 새로운 맛의 죽이 개발될 거예요. 또 어떤 맛있는 죽이 우리 입맛을 돋울까요? 기대되지 않나요?

만들어 볼까?

임금님이 먹었다는 타락죽의 맛은 과연 어떨까요?
함께 만들어 봐요.

 쌀을 물에 불린 다음 믹서에 윙윙 갈아요.

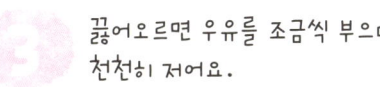 갈아 놓은 쌀과 물을 넣어 끓여요.

 끓어오르면 우유를 조금씩 부으며 천천히 저어요.

소금으로 간을 하면 고소한 타락죽 완성!

술은 빚는 거라고?

어른들은 술을 참 좋아하는 것 같아요. 축하를 나누는 자리에도 술이 함께하고, 슬픔을 나누는 자리에도 술이 함께해요. 옛날에는 하늘에 제사를 지낼 때 술이 절대 빠져서는 안 되었어요. 하늘에 바치는 술은 특별히 정성을 기울여 만들었지요. 이렇게 술은 아주 오래전부터 우리와 함께해 왔어요. 술이 어떤 문화를 만들어 왔는지 지금부터 살펴볼까요?

 냠냠, 문화 읽기

술은 자연에서 바로 얻을 수 있는 음식이 아니에요. 미생물이 곡식이나 과일에 포함된 당을 분해해 알코올을 만들어야 비로소 완성되지요. 이렇게 미생물이 유기물을 분해시키는 과정을 '발효'라고 해요. 그렇다면 사람들은 언제 처음 술을 먹게 된 것일까요?

전하는 이야기에 따르면 원숭이가 처음 술을 만들었다고 해요. 원숭이는 나무 구멍이나 바위틈에 과일을 숨겨 두는 습성이 있어요. 이렇게 저장해 둔 과일이 발효하여 술처럼 된 것이지요. 도무지 믿기지 않는다고요? 강화도 전등사는 고구려 소수림왕 때 지은 절이에요. 이 절을 지을 때 지친 목수들에게 원숭이가 술을 가져다주어 힘을 얻었다는 이야기도 전해지는걸요? 이렇게 자연에서 우연히 얻은 술을 맛보고 그대로 만들기 시작한 것이 술의 시작이 아닐까 싶어요.

처음에는 술을 만드는 것이 어려웠을 거예요. 과학 지식이 부족한 탓에 발효의 원리를 깨닫지 못했을 테니까요. 또 먹을거리가 부족했던 옛날에는 술을 만들 재료를 구하기도 힘들었을 거고요. 그러다가 농사를 짓기 시작하면서부터 사람들은 본격적으로 곡물을 이용해 술을 만들기 시작했어요.

우리 조상들은 주로 쌀을 이용해서 술을 만들었어요. 이러한 사실을 보면 옛날부터 쌀농사가 잘된 것을 알 수 있지요. 우리 역사와 술의 관계는 생각보다 깊답니다. 고구려가 탄생한 배경에도 술이 있으니까요.

물의 신 하백에게는 딸이 셋 있었어요. 그중에서 첫째 유화가 특히 아름다웠지요. 하루는 세 자매가 땅으로 소풍을 갔어요. 하느님의 아들 해모수는 유화를 보고 첫눈에 반해 버렸답니다. 그래서 유화의 마음을 얻으려고 궁궐에 초대해 술을 대접했지요. 날이 저물어 세 자매가 집으로 돌아가려 하자, 해모수가 못 가게 붙잡았어요. 동생들은 무사히 빠져나왔으나, 술에 취한 유화는 해모수에게 붙잡혔지요. 이렇게 해모수와 유화가 인연을 맺어 그 사이에서 태어난 아들이 바로 고구려의 시조* 주몽이랍니다.

우리 민족을 춤과 노래를 사랑하는 흥의 민족이라고 하죠? 요즘 세계적으로 케이팝(K-POP)의 인기가 뜨거운 걸 보아도 알 수 있지요. 그 흥의 뿌리를 찾아볼 수 있는 게 과거의 제천 행사예요. 먼 옛날부터 우리 민족은 하늘에 풍년을 기원하는 제사를 올렸는데, 이때 음악과 춤, 그리고 술이 빠질 수 없었어요. 제천 행사에 쓰이는 술은 하늘에 바치는 정성이자, 하늘과 인간을 이어 주는 매개체*였지요. 그러니 어찌 술을 만드는 데 정성을 기울이지 않을 수 있겠어요?

이렇다 보니 술 만드는 기술이 점점 발전해 갔어요. 고구려의 술 빚는 기술은 중국에까지 알려질 정도로 유명했고, 백제는 누룩을 이용해 술 빚는 방법을 일본에 전파하기도 했지요. 누룩은 술을 빚을 때 쓰는 발효제랍니다. 곡식을 반죽해 덩이를 만들어 곰팡이를 번식시킨 것이지요.

고려 시대에는 술 빚는 기술이 한층 더 발전했어요. 궁중에서는 술을 담당하는 '양온서'라는 관청을 따로 만들기까지 했지요. 이 양온서는 조선 시대까지 이어져 내려왔다고 해요.

조선은 유교를 중심으로 세워진 나라였어요. 유교의 가르침에 따라 제

----
* **시조** 겨레나 집안의 맨 첫 조상, 또는 나라를 세운 사람을 말해요.
* **매개체** 둘 사이에 끼어서 양쪽을 이어 주는 것이에요.

사 지내는 것을 무척 중요하게 생각했지요. 앞에서 말했듯이, 제사에 빠질 수 없는 음식이 술이었어요. 그리하여 집집마다 제사에 쓰는 술을 빚게 되었답니다. 이를 집에서 빚는 술이라 해서 '가양주(家釀酒)'라고 했어요. 집집이 장맛이 서로 다르듯 술맛도 달랐지요.

가양주는 그 집안을 알리는 역할을 하기도 했어요. 특히 이름 높은 양반 집안에서는 몸에 좋은 약초나 귀한 재료를 넣어 술을 빚었지요. 이렇게 만든 술을 제사뿐 아니라 집안의 크고 작은 행사 때 내놓아 손님들에게 대접했어요. 손님들이 그 맛을 인정해 주는 것을 큰 기쁨으로 삼았답니다.

그런데 때로는 술맛이 나빠지는 일이 생기기도 했어요. 날씨에 따라 발효 정도가 달라져 술맛에 영향을 줄 수 있었으니까요. 술맛이 나빠지는 것은 무척 큰일이었어요. 보통 술 빚는 일은 며느리가 맡았는데, 술맛이 나빠지면 그 책임을 물어 며느리를 내쫓기도 했답니다. 며느리가 나쁜 마음을 가지고 만들었기 때문에 술맛이 변했다고 생각했거든요. 지금으로서는 정말 이해할 수 없는 일이지만요.

백성들 역시 농사일로 지친 몸을 술 한잔으로 달랬어요. 높은 양반 집안과 달리 정성과 시간을 들일 여유가 부족해, 밥과 누룩을 물에 섞어 익으면 대충 걸러 마셨지요. 이렇게 막 거른 술이라고 해서 '막걸리'라는 이름이 붙었답니다. 막걸리는 농사일을 하는 백성들이 만들어 먹는 술이라 해서 '농주', 맑지 않고 탁해서 '탁주'라고도 불렸어요.

　이렇게 우리 전통 술은 오랫동안 사랑을 받아 왔어요. 그러나 일제 강점기를 맞으며 상황이 달라졌지요. 일제는 쌀을 더 많이 수탈하기 위해 집에서 술 빚는 일을 막았어요. 만약 이를 어길 시에는 심한 벌을 주었지요. 그러면서 술 빚는 문화가 점점 사라져 갔답니다.

　최근 들어 우리 전통 술의 소중함을 깨닫고 찾는 사람들이 늘어나고 있어요. 이름만 전해져 내려왔던 술을 다시 만드는 데 성공했다는 소식도 속속 들려오고 있지요. 정말 다행이지요?

　여러분, 우리의 술은 단순히 즐기기 위해 만든 음식이 아니에요. 만드는 사람의 정성이 담겨 있고, 그 집안의 이야기가 담겨 있는, 전통 그 자체랍니다.

만들어 볼까?

우리의 전통을 잇는 막걸리,
어떻게 만드는지 궁금하지 않나요?

① 쌀을 잘 불려서 고들고들하게 밥을 지어요.

② 밥에 누룩과 물을 넣어 비벼 줍니다. 이것을 '술밥'이라고 해요.

③ 소독한 그릇에 술밥을 담아 둡니다. 항아리면 좋겠지요?

④ 보글보글 발효가 되면 체에 걸러서 물과 섞어요.

⑤ 시큼털털한 막걸리 완성!

가마솥의 누룽지와 숭늉

옛날, 아이들은 무엇을 간식으로 먹었을까요? 머릿속에 쉽게 떠오르는 것은 엿이나 떡이지요? 하지만 이런 간식은 정말 귀해서 명절이나 잔칫날이 되어야 겨우 먹을 수 있었어요. 맛있는 간식을 먹고 싶은 아이들의 마음을 채워 주기에는 턱없이 모자랐지요. 그럴 때 아이들이 향하는 곳이 바로 부엌이었어요. 부엌의 가마솥에는 바로 이것들이 있었거든요. 무엇이냐고요?

 냠냠, 문화 읽기

　가마솥은 밥을 지을 때 쓰는 그릇으로, 주로 무쇠를 이용해 만들어요. 아주 먼 옛날에는 흙을 빚어 솥을 만들었지요. 그러다 기술이 발달함에 따라 무쇠를 이용해 가마솥을 만들기 시작했답니다. 주로 부엌의 아궁이* 위에 가마솥을 걸어 사용했는데, 두께가 두꺼워서 음식이 잘 타지 않는 장점이 있지요.

　우리 조상들은 가마솥으로 밥을 하면서 누룽지를 먹기 시작했어요. 가마솥 바닥에 밥이 눌어붙어 자연스레 누룽지가 만들어졌으니까요. 누룽지는 구수한 맛과 바삭한 식감 때문에 별미로 여겨졌답니다.

　그런데 누룽지는 우리나라에만 있는 음식이 아니에요. 쌀을 먹는 나라에서는 쉽게 누룽지를 찾아볼 수 있지요. 심지어 멀고 먼 유럽의 에스파냐에도 '소카라트'라고 불리는 누룽지 음식이 있다고 해요. 놀랍지 않나요?

　옛날에는 먼 길을 떠날 때 누룽지를 챙겼어요. 그때는 이동 수단이 발달하지 못해서 주로 걸어 다녔거든요. 그러다 보니 길 한가운데에서 밥때를 맞을 경우가 종종 있었지요. 누룽지는 따로 요리할 필요가 없어서 간단한 끼니가 되었답니다. 게다가 수분이 적어서 가볍고, 더운 날씨에도 쉽게 상하지 않았지요.

　『동의보감』을 보면, 음식을 소화시키기 어려워 토를 할 때는 취건반을 달여 마시라는 기록이 있어요. 취건반이 뭐냐고요? 바로 누룽지예요. 정말 누룽지가 소화에 도움이 될까요? 누룽지를 끓이면 하얀색 물질이 둥

....
*아궁이 방이나 솥 따위에 불을 때기 위하여 만든 구멍이에요.

둥 뜨는 것을 볼 수 있어요. 이 하얀색 물질에는 소화를 돕는 당질이 들어 있지요. 옛날에는 과학 지식이 지금보다 부족했을 텐데, 어떻게 이런 사실을 알고 약으로 썼을까요? 정말 놀라워요.

한편 요즘은 후식으로 커피와 주스 등을 즐겨 마셔요. 길거리에서도 이런 음료를 마시는 사람들을 흔히 볼 수 있지요. 그런데 커피에는 카페인이, 주스에는 당분이 많이 들어 있어 너무 많이 마시면 건강에 좋지 않아요. 대신 무엇을 마시면 좋을까요? 바로 숭늉이 있어요.

우리 조상들은 가마솥의 밥을 푼 뒤에 물을 부어 숭늉을 만들었어요. 숭늉은 소화를 도울 뿐 아니라, 소금기가 밴 입 안을 개운하게 씻어 주었지요. 이러

한 이유에서, 우리 조상들은 숭늉까지 마셔야 비로소 식사가 끝난 것으로 생각했답니다.

똑같이 쌀밥을 주식으로 먹어도 중국이나 일본에는 숭늉이 없어요. 어떤 사람들은 우리나라에 숭늉이 있어, 중국과 일본에 비해 차 문화가 발달하지 못했다고 해요. 보통 식사 후 입 안을 개운하게 하려고 차를 마시는데, 숭늉이 그 역할을 맡아서 차를 덜 마시게 됐다는 것이지요. 꽤 그럴듯한 주장이지요?

오늘날, 가정에서 가마솥이 사라지고 그 자리를 전기밥솥이 대신하고 있어요. 전기밥솥으로는 누룽지와 숭늉을 만들기 어려워요. 누룽지와 숭늉을 먹으려면 따로 품을 들여야 하지요.

그런데 반가운 소식이 있어요. 누룽지와 숭늉이 건강에 좋다는 것이 알려지면서 다시 인기를 끌고 있거든요. 최근에는 누룽지와 숭늉을 상품화해서 팔기도 하지요. 누룽지와 숭늉에는 소화를 돕는 당질이 들어 있을 뿐 아니라, 아미노산과 식이 섬유가 풍부해 변비에 좋아요. 게다가 바쁜 현대인들이 간편하게 즐길 수 있어 그만이지요. 그야말로 일석이조 아닌가요?

누룽지와 숭늉이 인기를 끌고 있는 건 뭐니 뭐니 해도 맛있기 때문일 거예요. 세월이 흘러도 누룽지와 숭늉의 구수한 맛은 잊히지 않는가 봐요. 오늘 간식으로 과자 대신 누룽지와 숭늉을 먹는 것은 어때요?

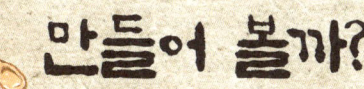 구수함에 달콤함을 더한 누룽지 과자를 만들어 봐요!
한번 먹으면 또 먹고 싶어질걸요?

① 밥을 프라이팬에 구워 누룽지를 만들어요.

② 누룽지를 먹기 좋은 크기로 부숴요.

③ 기름에 살살 튀겨 주세요~.

④ 튀긴 누룽지에 설탕을 뿌리면 맛있는 누룽지 과자 완성!

나가는 이야기

쌀밥, 좋아하세요?

우리 민족은 먼 옛날부터 쌀을 즐겨 먹었어요. 그런데 갈수록 쌀 소비량이 줄고 있다고 해요. 조사에 따르면, 1970년대에는 한 사람이 하루에 373.7g의 쌀을 먹었어요. 보통 쌀 100g이 밥 한 공기의 양이에요. 그러니까 1970년대에는 하루에 밥을 세 그릇 이상 먹은 셈이지요. 그런데 2015년에는 한 사람이 하루에 172.4g의 쌀을 먹었다고 해요. 하루에 채 두 그릇이 안 되는 양이지요. 게다가 이 수치는 해마다 점점 줄어들고 있답니다.

이렇게 쌀 소비량이 줄어든 데에는 몇 가지 이유가 있어요. 가장 먼저 서구화된 식습관을 들 수 있어요. 서양 요리는 대체로 밀가루를 기본 재료로 해요. 이런 음식들을 먹다 보니 자연스레 쌀을 덜 먹게 된 거예요.

또한 요즘은 밥을 지을 때 다양한 곡물을 함께 넣어요. 영양소를 고루 섭취하기 위해 쌀밥 대신 잡곡밥을 먹는 게 보편화되었거든요. 잡곡밥을 많이 먹게 된 것도 쌀 소비량이 줄어든 이유 중 하나랍니다.

그리고 과거에는 먹을거리가 부족했기 때문에 반찬보다 밥을 많이 먹었어요. 옛날의 밥그릇을 보면 무지 커서 깜짝 놀랄 정도라니까요. 요즘은 살림살이가 넉넉해져서, 밥보다는 반찬 위주로 식사를 해요 그래서 반찬이 옛날에 비해 싱겁게 변했다고 하지요.

이렇듯 우리나라의 쌀 소비량이 줄어드는 것은 어쩔 수 없는 시대의 흐름이에요. 그렇다면 시간이 더 흐르면 쌀을 전혀 먹지 않게 될까요? 아마 그렇지는 않을 거예요.

　여러분이 엄마 젖 다음으로 먹은 음식은 무엇일까요? 그래요, 쌀을 쑤어 만든 이유식이지요. 그리고 조금 더 자라서는 자연스레 쌀밥을 먹었어요. 아무리 맛 좋은 다른 음식을 먹는다 해도, 쌀밥이 생각나곤 해요. 왜냐하면 쌀은 오랜 시간 동안 우리 민족이 즐겨 먹어 온 주식이니까요. 우리의 몸은 쌀에 익숙해져 있지요.

　우리의 밥상에 오른 쌀밥 한 그릇은 단순한 끼니가 아니에요. 우리 조상들의 역사와 문화, 그리고 정신이 살아 숨 쉬는 한 그릇이랍니다. 이제 쌀밥이 조금 더 소중하게 느껴지지 않나요?